테크노베이션

신기술이 바꿀 공간, 노동, 자본의 미래

테크노베이션

TECHNOVATION

이수호 지음

경이로움

기술은 미래를
어떻게 변화시킬 것인가

우리는 격동의 시대에 놓여 있다. 코로나19라는 예상치 못한 글로벌 전염병으로 그 변동은 급격해졌다. 게다가 코로나19가 유행하던 3년 동안 우리의 삶은 송두리째 바뀌었다. 긴 시간 동안 가족의 얼굴을 보지 못하는 이들이 많았고, 사무실이 아닌 집에서 근무하는 이들 또한 적지 않았다. 갑작스러운 비대면의 일상화가 이루어지며 40여 년 전 기성세대가 교과서를 통해 상상하던 미래 세계가 갑자기 도래한 듯 보였다. 일상만 바뀐 건 아니다. 전 세계 정치, 경제, 사회, 문화 등 여러 영역에 걸쳐 거대한 변화가 들이닥쳤다. 그 결과 지금 우리는 역사적으로 유례없는 변화의 한가운데에 서 있게 되었다.

특히나 '테크노베이션'이라는 거대한 전환이 전 세계를 휩쓸고 있다. 테크노베이션이란 기술(tech)과 혁신(innovation)을 결합한 말로,

그 여파는 우리의 생활 전반에 걸쳐 깊고 광범위하게 영향을 미치고 있다. 인터넷의 등장과 스마트폰의 보급이 새로운 정보화 시대를 열었듯이, 인공지능(AI), 블록체인, 빅데이터, 클라우드 컴퓨팅 등의 첨단 기술들이 혁신을 일으키며 디지털 자본주의라는 새로운 경제 체제의 기틀을 다지고 있다.

디지털 자본주의는 단순히 기술 발전이 불러오는 자본의 변화를 의미하지 않는다. 그것은 경제적, 사회적, 문화적 패러다임의 근본적인 전환을 나타낸다. 이제는 데이터가 가치 있는 자산으로 자리매김하고 있으며, 여러 디지털 플랫폼이 새로운 경제 생태계의 중심이 되었다. 기업들은 데이터와 알고리즘을 통해 더 나은 의사 결정을 내리고 소비자의 요구를 즉각적으로 반영해 맞춤형 서비스를 제공하고 있다. 이 새로운 경제체제에서 가장 중요한 경쟁력은 속도와 적응력이다.

우리는 3년 동안 얼굴을 가린 마스크를 신체 일부인 듯 여기고 살았다. 그 결과 철학자 제레미 벤담이 예언한 '파놉티콘'의 모습처럼 세상이 바뀌었다. 정부는 디지털 기술을 활용해 코로나19 감염자의 동선을 관리했고, 우리는 모바일 QR코드를 통해 스스로를 증명해야 했다. 좋든 싫든 스마트 기기는 우리의 신분증이 되었고, 신원을 증명할 블록체인 기술은 우리가 인식도 못 한 채 개개인의 필수품이 되었다.

코로나19 관리부터 격리 치료에 이르기까지 일련의 과정을 거치는 동안 다양한 장소와 환경에서 사람 간 접촉을 최소화하며 감염병을 극복할 수 있도록 돕는 갖가지 기술이 등장했다. 마치 산업혁명 시대 증기기관의 등장이 산업의 패러다임을 바꾸었듯, 이제 AI 기술을 필두로 한 디지털 기술이 산업군의 지각변동을 이끌고 있다.

'챗GPT'로 촉발된 인공지능 서비스는 이제 우리의 일상 곳곳에서 활용되고 있다. 더불어 가상공간 속에서 또 다른 자아를 만나는 메타버스는 없어서는 안 될 공간이 되었다. 삶의 현실보다 인스타그램을 통해 보이는 세상에 더 몰입하는 이들도 적지 않다. 어린 자녀들의 놀이 문화로 치부되던 PC-모바일 온라인 게임은 이제 많은 경제활동 인구가 이용하는 대중문화가 되었고, 이용자들은 그곳에서 실제와는 다른 또 다른 문화를 즐기고 있다. 이는 결국 5G라는 인프라 네트워크의 발전 덕이다. 끊기지 않는 초저지연 기술은 네트워크 서비스의 품질을 크게 바꾸었다.

로봇 역시 더 이상 꿈이 아닌 현실이 되었다. 일터에서의 로봇은 인간의 동료로 빠르게 자리 잡으며 노동의 효율화를 이끌었지만, 고품질의 네트워크와 결합한 로봇은 우리의 일자리를 본격적으로 빼앗기 시작했다. AI 기술을 만나 더욱 똑똑해진 로봇은 공장과 공공기관을 넘어 이제는 우리 집 안으로 들어올지도 모른다.

실제 그간 TV 채널을 통해서 볼 수 있던 로봇은 배송, 서빙 등의 형태로 이미 우리 곁에 와 있다. 까다로운 철강 제품과 복잡한 자동차 조립을 넘어 인간이 하던 단조로운 커피 제조, 치킨 튀기기까지 로봇이 하는 시대가 되었다.

더불어 키오스크를 통해 이용자의 주문부터 데이터 관리까지 모두 비대면으로 이루어지고 있다. 우리가 미처 들여다보지 못하는 물류센터의 노동 현장 또한 관리 로봇 덕에 배송 시간을 크게 줄였고, 덕분에 도서와 산간 지역도 불과 며칠 만에 신선한 제품을 받아볼 수 있게 되었다.

또한 클라우드와 가상·증강현실(VR·AR), 드론, 자율주행 등 각기 따로 놀던 IT 서비스의 기술 트렌드는 대대적인 융복합을 통해 디지털 대전환, 이른바 디지털 트랜스포메이션(Digital Transformation)을 달성하고 있다. 이제 완연한 디지털 기반, 비대면 세상이 도래한 것이다. 불과 3년 만에 이런 일들이 모두 현실화되었다.

아울러 구글, 아마존, 페이스북, 애플 등 거대 디지털 플랫폼 기업들은 경제 활동의 중심에 서게 되었다. 이들 플랫폼은 상품과 서비스를 제공할 뿐만 아니라, 사용자 데이터를 수집하고 분석해 새로운 비즈니스 모델을 창출한다. 무엇보다 비대면 시대를 거치며 데이터는 디지털 자본주의의 새로운 원유로 간주할 만큼 중요성이 증대되었다. 이제 기업들은 사용자 데이터를 분석해 맞춤형 광고와 제품개발, 서비스 개선 등을 수행한다.

자연스레 우리의 삶을 이끄는 사회의 질서 또한 변화의 조짐을 엿보이고 있다. 자본주의를 구성하는 3요소, 토지-노동-자본의 형태 또한 디지털 트랜스포메이션이 이뤄지고 있다. 우리는 이제 네트워크를 통해 접속할 수 있는 비대면 공간, 이른바 메타버스에서 새로운 비즈니스를 영위하고, 클라우드를 통해 재택에서 원격으로 근무할 수 있게 되었다. 눈에 보이지 않는 가상공간에서 많은 생산이 이루어지자 인류의 생산물을 담보하던 토지의 형태와 의미 또한 달라지고 있다. 퇴근 후 우리가 가장 많은 시간을 할애하며 시간을 쓰는 것 역시 스마트폰 속 세상이라는 현실만으로도 그 변화는 분명하다.

우리는 급여도 디지털로 수령한다. 또한 금융자산을 불리는 재테크, 심지어 소비의 상당수 역시 디지털 공간에서 이루어진다. 아이들 또한 설날 세뱃돈이 아니면 현금을 눈으로 보거나 사용할 일이 많지 않다. 무엇보다 인플레이션의 고통 속 '디지털 금'이라 불리는 비트코인의 유동성 흡수력은 전 세계 금융시장을 놀라게 했다. 투기의 수단을 넘어 이젠 기업인들 또한 법정화폐를 신뢰하지 않고, 디지털 공간에서의 인플레이션에 대비하고 있다. 기업의 투명성 또한 디지털 기술을 통해 입증받으려 하는 것 또한 뒤바뀐 현실이다.

코로나19라는 격동기를 거치며 빅테크라 불리는 플랫폼 기업이 덩치를 키웠고 전통 금융사를 뛰어넘는 핀테크 기업들이 등장하게 되었다. 그리고 푸드테크, 에듀테크, 슬립테크, 애드테크 등 '테크'라는 수식어가 주요 산업군 이름 뒤에 일제히 붙기 시작하며, 어느덧 보편적인 명사로 완전히 자리매김한 모습이다. 이제는 기술의 혁신 없이 산업의 생존을 담보받기 어려워졌다.

코로나19는 어느덧 마무리되었고 결국 인류는 이겨냈다. 하지만 3년이라는 시간은 우리에게 많은 변화를 야기하기 충분한 시간이었다. 물론 우리가 겪은 3년이 끝이 아닐 수도 있다. 꾸준히 제기되고 있는 기후변화로 코로나19와 같은 전 지구적 재앙이 또다시 등장한다 해도 이상하지 않다.

코로나19는 끝났지만 디지털 인류는 더욱 새로운 모습을 띠고 있다. 이는 인류사 관점에서도 큰 전환점을 시사한다. 코로나19라는 위기 덕에 더디게 진행되던 디지털 혁신이 곳곳에서 빠르게 이루어지며 진정한 초연결 시대로의 진입을 앞둔 것이다.

나는 이 책을 통해 단순한 디지털 콘텐츠 소개가 아닌, 디지털 기술이 자본주의 흐름을 어떻게 바꾸고 있는지 조망하고자 한다. 이 책의 핵심 키워드인 디지털 자본주의는 디지털 기술의 발전과 이를 중심으로 한 경제 구조의 변화를 포함하는 개념으로, 정보와 데이터가 경제 활동의 중심이 되는 시대를 의미한다. 전통적인 자본주의에서 물질적 자산과 생산 수단이 중요한 역할을 했다면 디지털 자본주의에서는 데이터, 소프트웨어, 디지털 플랫폼이 핵심 자산으로 떠오른다. 전통적인 제조업 중심의 경제에서 디지털 서비스와 플랫폼 중심의 경제로 빠르게 전환되었고, 산업 구조와 고용 패턴에 큰 변화를 초래했다.

더불어 디지털 플랫폼의 부상, 데이터 경제의 중요성, 자동화와 디지털 노동의 확산, 블록체인 기술 등의 요소가 디지털 자본주의의 핵심 요소로 자리했고, 이러한 변화는 우리에게 커다란 기회와 도전을 동시에 제공한다. 변화에 대한 적절한 대응과 정책이 절실한 시기다.

  그에 따라 산업과 그 토대를 이루는 모든 것에서 이루어지고 있는 디지털 혁신과 헤게모니의 변화, 그 속에서 피어나는 갈등 조정 등을 탐구해 자본주의의 새로운 흐름을 짚고자 한다.

이수호

PART 2. 자본의 토지와 토양이 바뀐다

PART 3. 디지털 노동의 시대

PART 4. 디지털 자산이 일으킨 금융 혁명

TECHNOVATION

PART 1

디지털로 다시 쓰는
자본주의

테크노베이션은 우리 주변 모든 곳에 빠르게 변화를 불러오며 혁신을 일으키고 있다. 기업의 본질을 근본적으로 바꾸었고 새로운 형태의 신흥 자본가들이 등장하는 계기가 되었다. 지금 우리는 전통적인 기업의 개념이 재정립되고, 경제의 패러다임이 전환되는 디지털 자본주의 시대로 나아가는 중이다.

과거에는 공장과 기계, 노동력이 기업의 핵심 자산이었지만, 이제는 데이터와 디지털 플랫폼이 기업의 새로운 핵심 자산으로 뒤바뀌었다. 오늘날 기업들은 물리적 자산보다는 데이터를 기반으로 한 분석, AI, 클라우드 컴퓨팅 등의 기술력을 통해 경쟁 우위를 확보하고 있다. 단순한 변화가 아닌 기업의 본질을 근본적으로 재정의하는 거대한 전환에 들어선 것이다.

기업의 성공은 더 이상 생산 능력이나 재무 자산의 크기로 결정되지 않는다. 디지털 시대의 기업들은 데이터를 활용한 혁신, 사용자 경험의 최적화, 그리고 네트워크 효과를 통해 새로운 가치를 창출한다. 이는 기업의 전략, 조직 구조, 리더십에 이르기까지 모든 것에 영향을 미쳤다. 디지털 네이티브 세대가 주도하는 새로운 기업가 정신과 그들의 혁신적인 경영 접근 방식은 전통적인 비즈니스 모델을 넘어 새로운 기회를 열어가고 있다.

신흥 자본가들은 디지털 자산과 플랫폼을 통해 부를 창출하고 있으며 전통적인 재벌 기업과는 다른 방식으로 사회적 영향력을 행사하고 있다. 데이터, AI,

블록체인 기술 등을 활용한 신흥 자본가들은 이전보다 혁신적이고, 적응력이 뛰어나며, 디지털 네트워크를 통해 글로벌 경제의 새로운 규칙을 스스로 만든다. 이처럼 우리가 마주한 테크노베이션은 단순한 기술 혁신을 넘어 사회와 경제의 근본적인 변화를 예고하고 있다. 이 거대한 흐름 속에서 살아남기 위해서는 변화를 받아들이고 빠르게 대응해야 한다.

Chapter 1

테크노베이션의
시작

테크노베이션이 일으킨
테크 혁신

우리가 살고 있는 이 땅의 룰, 그
중에서도 먹고 사는 일의 토대가 되는 이데올리기는 자본주의다. 자
본이 지배하는 경제체제를 의미하며 무엇보다 '사유재산제'를 기반
으로 이윤 획득을 위해 상품의 생산과 소비가 이루어지는 것이 핵
심이다. 일반적으로 사유재산을 인정하지 않는 공산주의의 반대 개
념으로 보며, 우리나라를 비롯한 지구촌 대다수의 국가는 자본주의
체제 아래에서 나라 경제와 기업, 가계 살림을 꾸려가고 있다.

보통 자본주의를 떠받드는 주체는 생산자와 소비자다. 이 중에서
도 생산의 시각에서 보면 토지와 노동, 자본이 가장 중요한 요소다.
토지는 물건을 생산하고 판매할 수 있는 공간과 관련한 요소고, 노

동은 필요한 물건을 가공해 유통하는 요소다. 이러한 일은 자연에 존재하는 흙이나 물, 공기만으로 가능하지 않다. 필요한 물건을 생산할 '밑천'이 필요하다. 결국 앞선 두 요소를 가능하게 하는 것은 돈, 자본이 따라야 한다.

우리가 흔히 이야기하는 IT, 디지털 기술은 이 같은 자본주의의 생산 흐름, 나아가 소비의 흐름까지 크게 바꾸고 있다. 코로나19는 이 변화에 속도를 높이는 촉매제 역할을 했다. 이제는 토지 없이도 물건을 생산할 수 있고, 건물을 임차하지 않고도 사무실을 운영할 수 있다. 기업들은 일정 수준의 재택근무와 비대면 방식으로 경영의 효율화를 꾀하고 있다. 가령 재무팀에 종이로 제출하던 영수증과 서류는 이미 클라우드 기반의 모바일 시스템과 솔루션을 통해 자동화를 이루었다.

10여 년간 온라인 쇼핑몰에 국한한 비대면 기반 사업체는 최근 통신 인프라의 발전 덕에 다양한 산업에서 기하급수 급증했다. 여러 전통 산업군 기업 이름 뒤에 테크(tech)라는 명사가 붙는 것을 생각해 보면 이해하기가 수월하다. 금융과 기술의 합성어인 핀테크(Fintech)뿐 아니라 부동산과 기술의 합성어인 프롭테크(Proptech), 보험과 기술의 합성어인 인슈어테크(Insuretech), 농업과 기술의 합성어인 애그테크(Agtech), 광고와 기술의 합성어인 애드테크(Edtech) 등이 그 예다.

국가 경제를 이끄는
디지털 산업의 성장

테크 기업의 종사자는 업무 공간도 이전과 다르다. 오피스 건물이 아닌 막대한 데이터가 결집한 클라우드 공간에서 업무를 본다. 전 산업군에 걸쳐 테크 혁신이 이루어지고 있는 만큼 우리나라의 주력 생산품들의 모습도 달라지고 있다. 전통적으로 자동차와 반도체, 석유 화학 제품 등이 여전히 우리나라의 수출 품목을 지탱하고 있지만, 디지털 공간에서 만들어진 새로운 수출품도 우리나라 GDP의 상당 부분을 차지하고 있다.

지난 2022년 국내 콘텐츠산업 수출액은 사상 최대치인 132억 4,000만 달러(약 18.3조 원)로, 전년 124억 5,000만 달러(약 17조 원) 대비 6.3% 늘어났다. 이는 같은 기간 이차전지(99억 9,000만 달러, 약 14조 원), 전기차(98억 3,000만 달러, 약 13.6조 원), 가전(80억 6,000만 달러, 11.1조 원) 등 주요 산업 품목의 수출액을 훌쩍 뛰어넘는 수치다. 이 중에서도 한국의 게임산업과 K-팝의 수출액은 연일 급증하고 있다. 한국콘텐츠진흥원이 발간한 〈2023 게임백서〉에 따르면 지난 2022년 한국 게임산업 총매출은 약 22조 원, 수출 규모는 약 12조 원에 달한다. 어느덧 게임이 국내 수출을 대표하는 산업이 된 것이다.

웹툰 시장의 성장세 또한 괄목할 만한 수준이다. 2022년 웹툰산업의 총매출액은 1조 8,290억 원으로, 1년 새 17% 급증했다. 매출

규모 자체는 크지 않아 보이지만 인접 산업에 미치는 영향력은 상당하다. 웹툰 플랫폼 기반 매출액은 이미 1조 원을 넘어섰고, 국내 대표 웹툰 기업인 네이버웹툰은 미국 뉴욕 증권거래소에 입성해 시가총액 3조 원대(2024년 7월 기준)의 몸집을 자랑하고 있다. 무엇보다 웹툰 기반의 드라마와 영화가 세계 시장에서 큰 인기를 얻고 있어 한국산 웹툰의 가치는 나날이 높아지고 있다.

콘텐츠 수출의 또 다른 한 축은 K-팝이 맡고 있다. 관세청의 수출입무역통계에 따르면 2023년 1~11월 음반 수출액은 2억 7,025만 달러(약 3,496억 원)로, 2022년 연간 실적(2억 3,139만 달러, 약 2,992억 원)을 17% 웃돌았다. 대표적으로 국내 엔터테인먼트 1위 사업자인 하이브의 2023년 수출 매출액은 약 1조 3,867억 원에 달한다.

국가적 위기를 K-팝 전도사가 해결하는 경우도 등장했다. 지난 2023년 열린 새만금 세계스카우트잼버리는 예상을 넘어선 무더위와 한반도로 북상한 태풍의 영향으로 위기에 처했지만, 다수의 K-팝 한류 스타가 현장을 찾아 전 세계 청년들에게 한국의 위상을 알렸다.

여기서 끝이 아니다. 다수의 엔터테인먼트사는 K-팝이 해외에서 잘 녹아들 수 있도록 'K-팝 방법론'을 수출하기 시작했다. K-팝의 아티스트 발굴 시스템을 해외에 전파해 현지에서 아티스트를 육성한다는 취지다. 우리나라는 제조업 강국을 넘어 디지털 시대의 콘텐츠 강국이자, 4차 산업혁명을 선도하는 국가로 발돋움했다. 대한

민국에서 생산되는 디지털 생산물이 국가 산업 경제를 이끄는 수출 효자로 거듭나고 있다.

세계로 확장하는 네이버 웹툰

네이버웹툰은 지난 2014년 영어 서비스를 시작으로 한국 웹툰이 전 세계로 뻗어 나갈 수 있는 수출 역군 역할을 톡톡히 했다. 웹툰은 웹(web)과 만화(cartoon)라는 단어를 결합한 신조어로 인터넷 포털 서비스 내에서 유통된 디지털 만화다.

2000년대까지는 국내 무료 서비스를 통해 플랫폼 트래픽 유입 요소로 활용되어 왔으나, 이젠 다양한 국가의 언어로 재탄생되어 전 세계에서 인기를 끌고 있다. 특히 현지화 작업을 거치는 등의 노력으로 K-콘텐츠 내에서도 수출 효자로 자리매김했다. 네이버웹툰의 글로벌 월간 활성 이용자 수(MAU)는 약 1억 7,000만 명에 이르며 이 중 해외 이용자는 85%에 달한다.

대표작으로 지난 2018년에 네이버웹툰에 첫선을 보인 〈여신강림(야옹이 작)〉은 10개 언어로 서비스되어 약 64억 회의 누적 조회수를 기록했고 이 중 76% 이상이 한국 외 지역에서 발생했다.

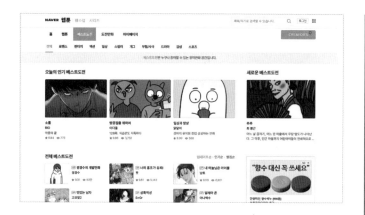

　실제 네이버가 추산한 웹툰 수출에 따른 경제적 파급 효과
는 2조 4,062억 원이다. 지난 2023년 수출된 한국 웹툰 수는
2014년 대비 38배 증가했고, 네이버웹툰 내 해외 정식 연재작
중 한국 웹툰 비중은 47%에 이른다. 국내 웹툰 인기에 힘입어
네이버웹툰의 인기 지식재산권(IP)을 기반으로 영화와 드라마
로 제작하는 사례도 늘고 있다. 글로벌 영상 플랫폼 넷플릭스에
네이버웹툰은 가장 중요한 파트너로 꼽힌다. 이미 그 인기를 증
명한 〈스위트홈〉, 〈지옥〉, 〈마스크걸〉 등이 대표작이다.

　덕분에 네이버웹툰은 최근 미국 증시에 입성해 한국을 넘
어 글로벌 대표 IP 비즈니스 플랫폼으로 자리 잡았다. 북미, 일
본, 동남아 등 주요 시장에 현지 법인을 설립해 로컬 파트너와
더불어 K-웹툰의 수출길을 넓히고 있다.

연결된 세계,
콘텐츠 시장의 미래

해외에서도 디지털 콘텐츠 시장은 핵심 산업군으로 발돋움했다. 디지털 콘텐츠는 국가 간 허들이 높지 않아 전 세계적으로 경쟁이 치열하다. 전 세계 플랫폼 비즈니스의 중심인 미국에서는 구글 유튜브가 영상 시장을 통째로 집어삼켰고, 넷플릭스와 디즈니는 각각의 구독 전략을 통해 구글이 차지하지 못한 긴 분량의 고품질 영상 시장을 선점하고 있다. 특히 넷플릭스와 디즈니는 직접 오리지널 콘텐츠를 제작해 경쟁력을 높였다. 천문학적인 제작비를 투입해 다른 나라 서비스가 쉽게 경쟁 전선에 진입 못 하도록 나름 '규모의 경제'를 구축한 상태다.

이에 대항하고자 2016년 중화권 기업 바이트댄스가 출시한 틱톡은 미국 빅테크가 차지한 영상 플랫폼의 틈새시장을 발굴해 글로벌 플랫폼 시장을 통째로 뒤흔들었다. 틱톡은 짧은 비디오 클립을 중심으로 한 소셜 미디어 플랫폼으로, 창의적인 콘텐츠 제작 도구와 개인화된 피드를 통해 전 세계적으로 큰 인기를 얻었다. 다양한 음악과 효과음, 챌린지와 트렌드를 통해 사용자 참여를 유도하는 남다른 전략을 택했다. 그 덕에 빠르게 성장하는 디지털 콘텐츠 시장에서 어느덧 선두 위치를 차지하고 있다.

다만 개인정보 보호와 콘텐츠 검열 등의 문제, 국가 간 산업 보호를 위한 견제 탓에 규제 및 여러 논란이 파생되고 있는 점도 주목할 필요가 있다. 미국은 정부 차원으로 여러 주에서 틱톡에 대해 다양한 규제를 추진하거나 시행했다. 주로 중국 기업인 바이트댄스가 틱톡의 모회사라는 점에 기인한다. 트럼프 행정부는 틱톡의 미국 내 운영을 금지하고자 했으나, 바이든 행정부는 이를 철회하고 새로운 보안 평가를 지시한 바 있다.

막연한 국가주의로 외산 디지털 콘텐츠를 차단하는 방식은 우리에게 도움이 되지 않는다. 실제 우리나라는 중국이 만든 SNS라는 선입견 등으로 틱톡을 많이 사용하지 않지만, 최근 틱톡은 한류 전파의 첨병이 되고 있을 만큼 한국 기업에도 중요한 사업자다. 예컨대 래퍼 카디 비가 동영상으로 불닭볶음면 챌린지 영상을 올린 후 조회수가 4,000만 회를 돌파할 만큼 선풍적 인기를 얻었다. 그 결과 불닭볶음면 판매가 급증했고 국내 제조사 삼양식품의 주가는 최근 사상 최고치를 경신했다.

중국 인터넷 미디어 그룹 텐센트 역시 마찬가지다. 텐센트는 중국 기업이라는 점에서 국내에서 상당한 비판을 받고 있다. 한국 기업의 중국 시장 진출 여건이 좋지 않은 데다 여전히 저작권 침해 문제가 있어서다. 그럼에도 한국 게임사에 텐센트는 매우 중요하고 필요한 기업이다. 국내 주요 게임사 대부분이 텐센트의 지분 투자를 받았다. 이는 한국 게임 개발사들의 역량이 텐센트의 게임 유통 사업에서 중요한 가치를 지니기 때문이다. 텐센트는 특히 한국 게임 개발사를 글로벌 전략의 전초기지로 삼겠다는 의지를 보인다.

콘텐츠 비즈니스는 국가 단위로 딱 구분해서 볼 수 없는 특수한 역학 관계를 지니고 있다. 현실을 외면하고 애국심에 도취해 외산 콘텐츠 기업을 막연히 비판하거나 외면해선 안 된다. 상호 보완적 역할 속에서 우리는 기회를 잡아야 한다.

Chapter 2

자산과 노동의 형태가
뒤바뀌고 있다

영역을 확장해 가는
디지털 자산시장

자본주의는 17세기 유럽의 상업 자본주의에서 시작해 19세기의 산업 자본주의, 20세기의 금융 자본주의를 거쳐 현재의 디지털 자본주의에 이르기까지 다양한 형태로 변해왔다. 지나온 시기마다 자본주의의 변화를 이끈 것은 끊임없는 유동성의 확대였다.

역사 속 자본 유동화의 진화는 실존하는 것들이 기반이었다. 지난 1970년대 미국 채권시장에선 주택담보채권, 또는 주택담보부증권(MBS, Mortgage Backed Securities)이라 불리는 새로운 증권이 발행되었고, 이는 주택이라는 실물을 담보로 만들어졌다. 그리고 자산유동화증권, 이른바 ABS(Asset-Backed Securities)가 투자 시장에 등장하며 새롭게 주목을 받았다. ABS는 일반적으로 기업에서 유동성이 부족해 보유하고 있는 자산을 현금화하고자 할 때 주로 사용되었다.

여기서 자산이란 자동차, 가전 회사 등이 고객들에게 미처 받지 못한 미수금(매출채권), 금융기관 대출금, 리스채와 같은 각종 채권, 부동산 등을 의미한다. 부동산뿐 아니라 매출채권과 유가증권 등 다양한 자산으로부터 발생하는 현금흐름을 기반으로 더 넓은 범위의 증권이 등장한 것이다. 다양한 증권의 등장은 기업이 보유 자산을 활용해 더 발 빠르게 유동성을 확보할 수 있도록 도왔다. 그리고 이제는 실물이 아닌 직접 확인할 수 없는 디지털 형태의 추상적 자산이 등장했다. 지식저작권이라는 개념을 통해 자산, 나아가 담보물의 형태 역시 더욱 확장한 것이다.

지난 50년간 이어진 자본주의의 역사는 자산 유동화의 흐름이기도 하다. 이때 자산 유동화는 법정화폐라는 수단을 통해 실질적 행사가 가능했고 법정화폐를 근간으로 거래되었다. 이는 정부가 설정한 화폐를 지칭하며, 법률상 강제 통용력과 지급 능력이 주어진 유일한 화폐다.

그런데 이젠 법정화폐가 아닌 디지털 자산을 기반으로 자본을 유동화하고, 법정화폐가 아님에도 디지털 자본을 통해 사업을 꾸리는 경우가 등장하고 있다. 정부에서 정한 규율대로 자본을 획득하는 형태가 아닌, 소위 '무정부주의자(아나키스트)'라고 볼 수 있는 디지털 혁명가들이 등장한 것이다. 이들은 법과 제도, 국가 간 경계를 뛰어넘어 디지털 자산을 만들어 유동성을 확충하고, 지구촌 어느 곳에서나 시간에 구애받지 않고 주고받고 있다.

국가 간 자본을 주고받을 때는 나름의 규율이 존재한다. 자본에도 국적이 있기 때문이다. 하지만 디지털 세상에선 이 같은 룰이 부정된다. 중앙화된 시중 은행이 필요 없어 스스로 은행의 역할까지 도맡고 있다. 가령 코인으로 대출을 받고, 예금을 하며, 재화를 구매할 수 있다. 새로운 금융 자본 질서가 형성된 것이다. 급여 역시 법정화폐가 아닌 디지털 자산으로 주고받는 사례도 나타났다.

은과 금 등의 실물자산을 기반으로 화폐를 발행하던 과거의 '본위제', 2차 대전 이후 '팍스 아메리카(미국 중심의 세계질서)'를 담보로 경제 체계를 꾸려오던 세계가 디지털 기술의 등장으로 새 국면을 맞이하고 있다. 미국과 중국이 다투고 있는 패권 전쟁 역시 디지털 시대에는 다른 양상을 띠기 시작했다. 무역 전쟁과 더불어 촉발된 화폐 전쟁은 이제 디지털 속에서 더욱 격화하고 있다. 국가를 뛰어넘는 디지털 거래 중개 사업자를 중심으로, 이른바 '코인 전쟁'이 시작된 것이다.

코인은 디지털 분산원장이라 불리는 블록체인을 통해 탄생한 자산이다. 네트워크의 운영과 관리, 유지를 위해 생성된 디지털 표식이 코인이며, 코인은 네트워크 참여의 보상 수단으로 활용된다. 단순 주주 관계로 설명되던 기존의 상법을 뛰어넘어 네트워크 참여자 '밸리데이터(validator)'라는 존재도 등장했다. 밸리데이터는 블록체인 네트워크 내 블록을 검증하고 생성하는 노드(node), 즉 검증자를 의미하며 쉽게 말해 주주의 역할을 한다. 네트워크를 함께 구성하고 직접적으로 자신의 권리를 찾는 이들이 등장한 것이다. 여기에는 은행이나 증권사와 같은 중간 거래자도 존재하지 않는다.

각국 정부는 이러한 탈중앙 세계에 손을 뻗고 있다. 중앙은행이 풀어낸 유동성을 코인 시장이 흡수해 기존 금융 질서에 상당한 영향을 미치고 있기 때문이다. 미국 대선에서도 코인은 중요한 키워드다. 젊은 유권자를 끌어들이기 위해 후보자들이 적극적으로 친코인 정책을 내놓고 있다.

나아가 미국은 자국의 생태계, 즉 미국의 네트워크 속에서 코인 시장을 직접 관리하려 하고 있다. 2024년 초 비트코인 현물 ETF 상장에 이어 이더리움 현물 ETF까지 출시해 코인 생태계를 제도권 금융시장으로 편입하려는 시도를 해왔다. 달러와 코인을 연결해 디지털 금융시장까지 독차지하겠다는 미국의 의지가 더욱 표면화하고 있는 것이다.

이러한 시도는 미국뿐 아니라, 패권을 꿈꾸는 여러 권역에서 동시다발적으로 등장하고 있다. 자국 자본의 이탈을 우려해 한동안 코인을 부정하던 중국 또한 기류가 달라졌다. 중국 역시 홍콩을 통해 테스트 베드를 구축해 비트코인과 이더리움 현물 ETF 상품을 출시했다. 위안화를 기반으로 한 다양한 코인 서비스, P2P 거래 활성화를 통해 달러 체계를 흔들기 위한 시도도 이어지고 있다. 지구촌에서 가장 중요한 전략 자산, 석유를 결제하는 방식으로 미국과 중국은 수년째 경쟁을 벌여왔다. 이제 코인 또한 그 싸움의 시작이 될 것으로 보인다.

디지털 자산시장으로 확장된 미중 패권 전쟁

디지털 자산시장에도 글로벌 패권 전쟁은 치열하다. 특히 미국과 중국은 자국의 이익을 극대화하기 위해 다양한 전략을 펼치고 있다. 미국은 정치권 내 여러 의견이 혼재된 와중에도 비트코인과 이더리움을 전통 자산시장에 편입시켜 제도권 내 금융자산으로 활용하고 있다. 도널드 트럼프는 대선 후보 연설 중 "비트코인은 미국의 전략 자산"이라고 밝히며, "비트코인은 역사와 인류 관계에 있어 매우 중요한 집합체다. 미국은 기술, 과학, 제조, AI 등 모든 분야에서 선도국이 되어야 한다. 이 모든 것을 미국으로 집중시키기 위해서 비트코인은 꼭 필요하다"라고 강조했다. 전략적으로 비트코인 비축 계획을 공식화하겠다고 선언한 것이다.

실제 미국은 여야를 막론하고 달러화를 기반으로 한 스테이블코인의 대중화를 적극 지원했다. 그 결과 다른 경쟁 코인들을 무력화해 디지털 달러 시장을 열었다. 달러 또는 미국 자산을 기반으로 코인을 발행하도록 유도하고 미국의 국채 수요를 새롭게 만들어 냈다. 이를 통해 미국의 글로벌 패권을 더욱 강화하고 있다.

중국 역시 무분별한 코인 규제 대신 홍콩을 테스트 베드로 삼아 코인 시장을 개방 중이며 중앙은행 디지털 화폐(CBDC)인 디지털 위안화(DCEP)를 통해 디지털 자산시장에서 주도권을 잡으려 하고 있다. 디지털 위안화는 알리바바, 텐센트와 같은 대형 기술 기업들과 협력해 광범위한 유통 채널을 구축하고 있으며, 중국 내에서는 물론 국제 결제 시스템에서도 영향력을 확대하고 있다. 자국의 계획 경제하에서 시장을 관리하는 동시에, 미국에 주도권을 내주지 않기 위해 홍콩 등을 통해 조금씩 민간사업자에게도 길을 열어주는 모습이다.

| Part 1 | 디지털로 다시 쓰는 자본주의

시장 확장에 따라
다양해지는 디지털 자산

디지털 자산시장이 확장하면서 대체불가능토큰(NFT) 등의 파생상품도 나타나고 있다. 대표 디지털 자산은 바로 토큰증권이다. 토큰증권은 특정 현물자산을 블록체인 기술에 얹어 쪼개 파는 형태를 말한다. 예컨대 강남의 한 빌딩 소유권을 코인으로 쪼개 여러 명이 함께 보유하는 방식이다.

토큰증권을 활용한 대표적인 기업이 있다. 바로 '카사코리아'다. 국내 최초로 상업용 부동산을 대상으로 하는 조각투자 플랫폼으로 출발했으며, 최근 서울 곳곳의 주요 빌딩 조각투자 상품을 블록체인 방식으로 판매해 큰 주목을 받았다. 투자자들은 소액으로도 상업용 부동산의 지분을 구매해 임대 수익과 자산 가치 상승에 따른 수익을 기대할 수 있게 되었다. 블록체인 방식 특징상 투명하게 매매 과정을 체크할 수 있고, 수익률 또한 확실하게 분배받을 수 있다. 분산 원장을 통해 관리되기에 누군가를 속일 수 있는 여지조차 없다.

나아가 빌딩 등 눈으로 볼 수 있는 거대한 담보물 외에도 그동안 유동화할 수 없었던 미술품이나 슈퍼카, 음원, 또는 지식재산권 역시 같은 방식으로 투자가 가능해졌다. 예를 들어 과거에는 BTS에 투자하고 싶다면 BTS가 소속된 하이브의 주식을 직접 사야 했지만, 이제 BTS 멤버들 개개인의 미래 가능성을 보고 개별적으로 투자할 수

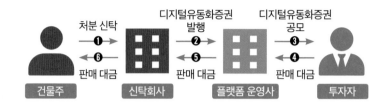

처분 신탁 ① / 판매 대금 ⑥

디지털유동화증권 발행 ② / 판매 대금 ⑤

디지털유동화증권 공모 ③ / 판매 대금 ④

건물주   신탁회사   플랫폼 운영사   투자자

출처: 카사코리아

있게 된 것이다.

보스턴컨설팅그룹과 하나금융연구소에 따르면 국내 토큰증권 시장은 오는 2030년까지 약 367조 원 규모로 성장할 것으로 전망된다. 해외시장을 더하면 규모는 기하급수 늘어날 것이다. 씨티은행 보고서에 따르면 오는 2030년까지 글로벌 토큰증권 산업 규모는 4조~5조 달러(약 5,200조~6,500조 원)로 급성장할 전망이다.

다만 토큰증권은 증권이기에 각국의 증권법을 따라야 한다. 우리나라 역시 실정법 마련이 한창이다. 투자자 보호책 등을 완비해야 하는 만큼 절차적으로 복잡성을 보인다. 이에 해당 규제를 넘어서기 위한 실물자산(RWA, Real World Asset) 활용 코인이 속속 발행되고 있다. 아직 규제가 100% 마련되지 않은 코인 시장에서 이러한 시도가 이어지는 것이다. 실제 미국 국채를 토큰화해 코인으로 사고파

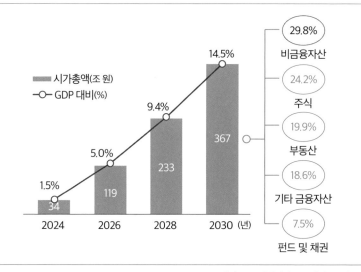

출처: 보스턴컨설팅그룹, 하나금융연구소

는 미국 국채 토큰의 시장 규모는 2023년 초 1억 달러 수준에서 그해 11월 말 기준 7억 8,400만 달러까지 성장했다. 약 11개월 만에 8배 가까이 성장한 것이다.

아울러 디지털 세상의 거래 수단, 즉 스테이블코인이 매우 중요한 역할을 맡는 중이다. 스테이블코인은 법정화폐, 또는 실물자산의 가치와 동등하도록 1:1로 디지털 자산을 발행하는 화폐를 뜻한다. 가격 변동성을 최소화하도록 설계되어 1코인이 1달러의 가치를 갖도록 만들어졌다.

자산의 디지털화는 산업 내 다양한 분야에서 혁신을 끌어내며, 효율성, 투명성, 접근성, 유동성 등 여러 측면에서 긍정적인 변화를 불러올 것으로 보인다. 금융과 부동산, 예술품, 지식재산권 등 다양한 자산이 디지털화됨에 따라 새로운 투자 기회와 비즈니스 모델이 창출되고, 경제 활동의 효율성이 높아지며 금융 포용성이 증대할 것이다. 또한 디지털 자산은 국경을 초월한 거래를 용이하게 하며 글로벌 경제 활동을 촉진한다. 국제 무역과 자본 흐름을 확대하는 효과도 기대할 수 있다.

디지털 자산시장의 변화에 주목해야 하는 이유는 국제 금융 권력의 균형을 변화시킬 잠재력을 지니고 있어서다. 이는 전통적인 금융 강국들의 영향력이 약화하고, 새로운 경제 강국들이 등장하는 계기가 될 수 있다. 예를 들어 중국은 블록체인 기반의 디지털 위안화를 통해 달러 중심의 국제 금융 시스템에 도전하고 있다. 미국이 비트코인과 이더리움의 현물 ETF 상품 출시를 잇달아 허용한 것 역시 이러한 흐름과 같은 맥락으로, 이 과정에서 국가 간 권력 균형의 변화를 맞이할 수 있다. 디지털 자산시장의 변동은 국가 단위로도 거대한 기회와 도전을 야기할 것으로 보인다.

노동자의 생김새가
달라진다

디지털 기술로 인해 노동자의 모습 또한 빠르게 변화하고 있다. 특히 코로나19를 전후로 직장인들의 삶은 송두리째 바뀌었다. 사람이 아닌 디지털 기술이 노동력을 대체하기 시작하면서 노동의 본질에 대한 고민이 시작되었다.

코로나19라는 전대미문의 위기 속에서 전 세계 주요 국가는 이른바 큰 정부, 시장이 아닌 관치 중심의 의사결정으로 위기를 돌파했다. 그 결과 정부 주도의 비대면 방식으로 세상이 연결되었다. 모두가 마스크를 써야 했고, 자신의 신원을 모바일로 증명해야 했다. 아이들은 학교에, 직장인은 사무실에 출근할 수 없던 시기, 과거와는 전혀 다른 모습의 생산자가 출현할 수밖에 없었다. 예를 들어 대면과 통화로 이루어지던 주요 민원은 이제 AI가 도맡고 있다.

지난 2013년 영국 옥스퍼드대학의 칼 베네딕트 프레이와 마이클 오스본이 "미국 전체 일자리의 47%가 자동화 위험에 노출되어 있다"는 연구 결과를 발표한 이후 10년이 흘렀다. 당시 이들은 컴퓨터 기술의 발전에 따라 단순 반복 업무뿐 아니라 인간만이 할 수 있다고 믿었던 인지적 업무 역시 순차적으로 자동화할 것으로 전망했다. 특히 미국 노동인구의 상당수가 자동화 확률이 높은 직업군에 속했다며 경고했다.

2024년 블룸버그는 "은행 업무 중 54%가 AI에 의해 자동화할 것"이라고 전망했다. 은행 내부에서 사람이 진행하던 다양한 서류 업무뿐 아니라 고객 상품 관리 등의 업무에도 AI 기술이 적용되고 있다. 모바일 뱅킹이 주류 서비스로 자리 잡으며 은행 창구의 직원 수 또한 빠르게 줄었다. 은행 업종에 이어 보험(48%), 에너지(43%), 자본시장(40%), 여행(38%), 소프트웨어·플랫폼(36%), 소매(34%), 커뮤니케이션·미디어(33%), 공공서비스(30%), 자동차(30%) 등의 업종 순으로 AI에 의한 업무 자동화 정도가 클 것이라는 전망도 있다.

로봇 역시 우리의 일자리를 빠르게 앗아가고 있다. 지난 2015년

| 업종별 업무 자동화 비율 예측 |

출처: 블룸버그

부터 인간형 로봇을 판매하고 있는 소프트뱅크 로보틱스는 "로봇이 인간의 일을 100% 대체하는 데 수십 년이 걸릴 것이며, 지금으로서는 30% 정도 대체 가능할 것"이라고 단언했다.

식당에서 로봇을 활용하는 사례는 아주 쉽게 찾아볼 수 있다. 프랜차이즈 호텔에서는 로봇이 수건을 나르는 모습도 심심치 않게 볼 수 있다. 판교 테크노밸리에는 로봇 카페뿐 아니라 아예 로봇이 별도로 다니는 이동로와 엘리베이터까지 볼 수 있다. 로봇이 인간의 노동을 완전히 대체하는 것은 아니지만, 극심한 인플레이션 시대에 필요한 조력자 임은 분명해 보인다. 코로나19라는 불가항력적인 재해는 이러한 상황을 더욱 가속화시켰다. 인간의 취약함이 오히려 인간 사회의 혁신을 빠르게 키워준 셈이 되어버렸다.

오늘날의 로봇은 지난 1970년대부터 쓰이던 자동차 공장의 협동 로봇과 물류 센터에서 일하는 중장비 로봇과는 다른 이야기다. 이제는 제조 전 과정에 AI 기반의 로봇과 제조 설비를 활용해, 인간의 개입을 최소화하는 미래 생산 환경이 마련되는 중이다. 딥러닝과 컴퓨터 비전 기술을 통해 제품의 결함을 자동으로 검출하고, 생산의 유연성을 극대화할 수 있는 지능형 제조 환경 또한 빠르게 안착할 것이다. 특히 AI 자율 제조는 생산 효율성의 획기적인 개선뿐만 아니라, 고령화에 따른 노동력 부족, 탈탄소화, 인건비 증가에 따른 해결 방안을 제시할지도 모른다.

디지털 노동시장의 변화는 경제정책과 지구촌 정치, 사회에도 상당한 영향을 주고 있다. 이제 누구도 본인 대신 싼값에 일해주지 않는다. 세계의 공장을 자처하던 중국과 베트남이 변했고, 인도 역시 분위기가 바뀌는 추세다. 저렴한 인건비로 대표되던 베트남 IT 개발자들도 초봉 3,000만 원 이상을 요구하고 있다.

디지털 기술로 지구촌은 더욱 가까워졌고, 모두의 노동력이 귀해졌다. 이에 제삼세계에서는 저임금의 자국 노동자를 무기화해 미국과 중국의 분쟁 속에서 목소리를 내는 경우도 적지 않다. 변화하는 국제 질서 속에서도 노동의 가치는 확실히 과거와는 다른 양상을 보인다.

지금껏 경제정책에서 노동이 차지하는 비중은 상당했다. 노동시장의 현황, 즉 고용과 인건비는 기업을 떠나 경제정책의 밑그림을 그리는 중요한 요소다. 기업의 고용 현황과 실업 수당 등은 거시 경제의 핵심 지표로 여겨졌다. 그런데 앞으로 고용 정책이 우리 경제에 큰 영향을 미치는 상수가 되지 않을지도 모른다.

테크노베이션이 전통 자본주의의 기반을 흔들고 있어서다. AI와 로봇에 대한 고민 없이 막연한 보신주의로 직장 생활을 이어간다면 10년 후 우리는 일자리를 담보받을 수 없다. 일자리를 두고 AI, 로봇과 치열한 경쟁을 펼쳐야 하며, 기술 진보의 끝에 인간의 노동 소외가 있다는 것을 인지해야 한다.

전 세계 로봇 밀도 1위, 한국

전 세계 제조업에 투입된 산업용 로봇은 어느덧 400만 대에 육박하고, 이 중에서 한국은 압도적인 로봇 밀도 1위를 자랑한다. 로봇 밀도는 노동자 1만 명당 로봇 대수를 말한다. 국제 로봇연맹(IFR)이 발표한 〈2023년 세계 로봇공학 보고서〉에 따르면 산업 현장에서 로봇을 가장 많이 쓰는 나라는 한국으로 로봇 밀도가 1,012대에 달한다. 한국 산업용 로봇은 전자산업과 자동차산업이 두 축을 이루고 있다. 특히 글로벌 경쟁력을 유지하기 위해 제조 공정의 효율성을 높이고, 생산성을 향상하기 위한 자동화 시스템 구축에 많은 투자를 하고 있다.

정부의 정책적 지원도 로봇 밀도를 높이는 데 기여하고 있다. 정부는 '로봇산업 발전 전략'을 통해 다양한 지원책을 마련하고 있으며, 이를 통해 중소기업들도 로봇 도입을 확대할 수 있도록 장려하고 있다. 국가적 정책 뒷받침은 한국이 로봇산업에서 기술적 우위를 확보하고, 로봇 밀도 1위 자리를 유지하는 데 크게 도움을 주고 있다.

Chapter 3

기업 본질의
재해석

디지털 기술이
기업을 바꾸고 있다

　　　　　　　　　　자본주의를 이끄는 핵심 주체 중 하나는 바로 기업이다. 기업은 생산과 고용을 통해 자본의 순환을 만드는 심장과 같은 역할을 한다. 굴뚝 산업을 이끌던 제조업 시대의 기업을 넘어, 이제는 모든 기업이 디지털 전환을 목표로 내걸고 있다. 디지털과 거리를 두었던 내수 기업, 예컨대 국내 굴지의 유통 기업 롯데와 신세계 모두 전사적인 디지털 전환을 선포한 후 곳곳에 AI와 디지털 의사 체계를 구축하고 있다.

　기업들이 내세우는 디지털을 단순히 모바일 전환, 온라인 확장으로 이해해선 안 된다. 디지털 자본주의에서 기업의 보폭 역시 과거와는 확연히 다른 모습이다. 본업과 신사업을 나누는 것 역시 의미가 없다. 업의 본질 자체가 바뀌고 있다고 인식해야 한다.

지난 1985년 미국의 스포츠 업체 나이키는 NBA의 루키 마이클 조던과 함께 새로운 브랜드 에어 조던을 론칭했다. 1980년대만 해도 아디다스나 컨버스에 밀려 농구화 시장에서 제자리를 잡지 못했던 나이키는 마이클 조던의 성적과 함께 수직 상승한 에어 조던의 인기로 시장을 뒤집었다. 나이키가 신발 품질보다 더 주목한 것이 있다. 질 좋고 튼튼한 농구화라는 스포츠 웨어의 본질보다 전설적인 선수를 통한 브랜드 이미지 만들기에 주력한 것이다. 'Just Do It'이라는 메시지를 통해 나이키는 열정적이고 충만한 에너지를 가진 사람이라는 브랜딩을 만들어 냈다. 나이키의 사례는 국내외 주요 기업에도 많은 시사점을 주었다. 이러한 차별화는 시간이 지난 오늘날의 디지털 전환에도 적용된다. 업의 경계가 빠르게 무너지고 있는 상황에서 차별화는 기업 비즈니스의 핵심 동력원이 될 수 있다는 점이다.

또 다른 사례로 바로 지난 1990년대 PC 운영체제 윈도(Windows)를 통해 컴퓨터 세상의 제국을 건설한 마이크로소프트가 있다. 마이크로소프트는 모바일에 적응하지 못한 기업 중 하나였다. 윈도 폰과 윈도 모바일은 애플에 밀려 철저히 외면당했었다. 그러나 2014년 사티아 나델라 CEO가 등장한 후, 그간 마이크로소프트를 상징하던 윈도를 지우고 클라우드에 총력을 기울였다. 끝내 '애저(Azure)'와 '마이크로소프트 365', '다이내믹스 365' 등 서비스형 소프트웨어(SaaS, Software as a Service)를 포함한 지능형 클라우드를 통해 기업 시장의 클라우드 시대를 열었다. 모두가 마이크로소프트를 윈도 운영사가 아닌 클라우드 기업으로 부르는 지금, 마이크로소프트는 클라우드를 바탕으로 전 세계 IT 생태계를 집어삼킬 준비를 마쳤다.

디지털로 인해 산업 간 경계가 무너지는 '빅블러(Big Blur)'란 용어가 나온 지는 꽤 되었지만, 지금처럼 하루가 다르게 업의 본질이 바뀌는 일을 상상하긴 어려웠다. 불과 2년 사이 챗GPT(Chat Generative Pre-trained Transformer)는 모든 기업의 지향점이 되었다. 굴뚝 산업이 아닌 디지털 기술 기업마저도 업의 본질에 대한 고민이 시작된 것이다.

하늘을 나는 SK텔레콤, 패션 커뮤니티에 빠진 네이버

기업들의 실제 사례를 살펴보면 디지털 시대에 업의 본질이 어떻게 변화하고 있는지 이해할 수 있다. 기업들은 디지털 기술을 통해 새로운 비즈니스 기회를 창출하고 고객에게 더 나은 가치를 제공하며, 전통적인 비즈니스 모델을 혁신하고 있다. 디지털 시대를 맞이하는 기업들이 성공적으로 적응하고 성장하는 데 있어 업의 변화에 적절히 대응하는 것이 필수적인 요소임을 보여준다.

동시에 업무 처리 방식의 자동화와 원격 근무, 디지털 제품과 서비스의 확대, 맞춤형 솔루션 제공, 소비자와의 상호작용 방식 변화, 조직 구조와 경영 방식의 혁신 등이 이러한 변화를 주도하고 있다. 발 빠른 업의 전환 시도와 함께 기존 업과의 시너지 등을 탐구했을 때 성공 가능성이 높아졌다. 궁극적으로는 디지털이 기업 경쟁력 전 부문에 걸쳐 큰 영향을 미치고 있다.

업의 본질이 확연히 변화한 기업은 바로 SK텔레콤이다. 우리나라의 이동통신사, 그중 무선통신업계의 독보적 1위 사업자인 SK텔레콤은 도심항공교통(UAM, Urban Air Mobility)에 공을 들이고 있다. UAM은 항공기를 활용해 사람과 화물을 운송하는 도시 교통 체계 전체를 포괄한다. 상상만 하던 도심 소형 항공기 시대가 열리는 것이다.

UAM 운항의 필수 요소는 바로 통신 신뢰성이다. 안정적 운용을 위해서는 기체에 통신 서비스의 연속성을 유지해야 한다. 기존 지상망으로는 UAM이 운행할 300~600m 상공에서 데이터 송수신 커버리지 확보에 한계가 있다. 이에 SK텔레콤은 5G 이동통신과 위성통신을 동시에 활용하는 다중망으로 데이터 연속성을 제공한다는 구상이다. 우선 실증 비행 항로 구간에 5G 안테나를 쏘아 올려 UAM용 상공망을 구축하고, 저궤도 위성망을 연동해 기지국 전파를

수신할 수 없는 음영 지역까지 커버리지를 확보하겠다는 전략이다.

오는 2040년 1조 4,740억 달러의 글로벌 시장 규모가 예상되는 UAM은 도심 상공을 비행하며 사람과 화물을 나르지만, 사실 핵심은 탄소 배출 없이 전기 동력 기체를 활용한다는 점이다. 친환경인 데다 도심 과밀화로 인한 교통 문제를 동시에 해결할 수 있어 다양한 실증 사례가 등장하고 있다. 해외에선 이미 미국 플로리다주와 파리 올림픽을 계기로 시범 사업을 띄운 프랑스가 있으며, 2025년 열릴 일본 오사카 엑스포의 시범 노선을 주목하고 있다.

우리 정부 역시 신산업 육성을 명분으로 대대적인 규제 완화와 국정과제 신설, UAM 활성화를 위한 '기업 짝짓기'에 공을 들이고 있

| UAM 시장 규모 전망 |

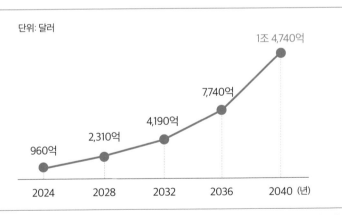

단위: 달러

1조 4,740억

7,740억

4,190억

2,310억

960억

2024   2028   2032   2036   2040 (년)

출처: 모건스탠리

다. 기업에 사업권을 부여하고 노선을 허가하며, 제도와 자격 관련한 법규 신설도 준비하고 있다. 1년 전 'UAM 특별법'이 발의되었고, 우리나라에서도 실증 사업이 시작되어 오는 2025년 시범 사업이 진행될 예정이다. 당장 올해 8월부터 내년 3월까지 준도심 지역인 경기도 아라뱃길 상공에서 비행을 시작해 4월부터 5월까지 한강, 5월부터 6월에는 탄천으로 범위를 넓혀 수도권 지역에서 실증이 시작될 예정이다.

UAM은 기체 제조 및 운영을 담당하는 항공 제조-정비-부품 소재업이 가장 알맞다. 운항 및 통합 관제 등의 서비스 제공 측면에서 기존 항공업이 지닌 노하우가 상당하기 때문이다. 가령 이동통신사인 SK텔레콤이 대한항공을 상대로 경쟁하는 것은 쉽지 않다. 즉 SK텔레콤의 UAM 산업 진입은 기존 항공산업에 진입하겠다는 의미가 아닌, 새로운 통신사업의 가능성을 보고 진입했다고 보는 것이 알맞다.

SK텔레콤은 현재 한국공항공사와 한화시스템, SK그룹 내 모빌리티 데이터 사업을 담당하는 '티맵모빌리티' 등과 손잡고 UAM 시범 사업을 준비 중이다. 특히 SK텔레콤은 기체와 통신망, 서비스 영역을 포괄하는 통합 UAM 사업자로 진화하겠다는 포부를 내걸었다. 단순 통신 네트워크 사업자를 넘어 자율주행과 지도 기반 빅데이터까지 포괄적으로 제공하겠다는 의미다.

수십 년간 통신사업으로 돈을 번 SK텔레콤이 UAM 사업에 뛰어든 이유는 간단하다. 유무선 통신과 미디어, AI, 기업 엔터프라이즈 시장을 넘어 이제 항공시장에도 고품질의 네트워크가 핵심 요소로 부상했기 때문이다. UAM을 운용하기 위해선 5G 기반의 초고속, 초저지연 네트워크가 필수다. 상공망뿐 아니라, 기체 운항에도 복합 네트워크가 필요하다. 또한 통합으로 데이터를 관리할 플랫폼과 소비자와의 접점을 관리할 네트워크도 필수 요소다. 특히 밀집성이 강한 수도권 및 광역 지역의 상공을 효율적으로 관리하기 위해선 결국 SK텔레콤의 네트워크가 절실한 상황이다.

변화를 꾀하는 데는 또 있다. 국내 인터넷 플랫폼 대장주 네이버 역시 주 사업의 흐름이 끊임없이 변화하는 곳 중 하나다. 실제 네이버는 코로나19 유동성 회수 구간 속 조 단위 빅딜을 진행했다. 미국의 소셜 커뮤니티 기반 C2C 서비스 '포시마크' 인수에 나선 것이다. 네이버의 행보는 미래의 핵심 고객이 될 젊은 이용자를 확보해 내수 1위 사업자를 지켜내고, 해외시장까지 나아가겠다는 의지로 해석된다. 포시마크를 품은 후 네이버의 언급 내용을 살펴보면 지속적으로 커뮤니티 기반의 '발견', '탐색', '소셜'을 강조하고 있다. 기존 네이버 검색 기반 전자상거래와는 완벽하게 결이 다르다.

대부분의 SNS가 최근 2~3년간 디스플레이 광고의 한계를 극복하고자 인앱 구매, 쇼핑 카탈로그, 판매자 편의성 개선 등을 도입하며 이커머스에 힘을 실었으나 그에 대한 성과는 미미했다. 소비자의 니즈에 부합할 수 있는 노출 콘텐츠(쇼핑 판매자, SKU)가 부족한 탓이었다. 구매 의도를 추정하기 때문에 적절한 상품 추천이 미흡하고, 적합한 상품이 추천된다 하더라도 가격 및 정보 비교 측면에서 부족함을 느끼는 고객이 이탈한 것이다. 네이버는 포시마크의 일일 체류 시간 25분, 판매자 팔로우 기능 등을 강조하며 네이버 AI, 추천 기술, 라이브 커머스, 이미지 인식 적용을 통한 시너지를 목표로 내걸었다. 쉽게 말해, 네이버가 가진 모든 기술을 총동원해 포시마크에 오래 머물도록 하겠다는 것이다.

사업의 확장성을 통해 네이버는 성장 임계점에 도달한 국내시장을 벗어나 글로벌 패션 커뮤니티 사업자로 도약하겠다는 구상을 세웠다. 네이버는 '라인'의 일본 진출을 '글로벌 1.0', 북미 '왓패드' 인수, 유럽 AI 연구소 설립 등을 '글로벌 2.0'으로 규정했으며, 이를 기반으로 새로운 글로벌 비즈니스 생태계의 구축을 '글로벌 3.0'으로 설정했다. 포시마크 인수는 '글로벌 3.0' 비전을 구체화하는 사례로 봐야 한다. 네이버의 이커머스 플랫폼 사업은 앞으로 더욱 커뮤니티의 성향을 띠게 될 것으로 예상된다.

UAM 특별법이란?

UAM 특별법(Urban Air Mobility Special Act)은 도심항공교통 산업의 활성화와 안전한 운영을 위해 제정된 법률이다. 이 법은 도심항공교통의 제도적 기반을 마련하고, 관련 기술 개발 및 인프라 구축을 촉진하는 것이 목적이다. 도심 내 공중 교통 서비스와 관련된 법적 기준을 정의하고 UAM의 운영을 위해 필수적인 안전 기준을 설정하는 것을 핵심 목표로 삼았다. 정부는 오는 2025년 UAM 상용화를 목표로 실증을 진행하고 있고, 이미 지자체 내에서도 사업에 속도가 붙고 있다. 올해 하반기에는 수도권 내 아라뱃길(드론인증센터~계양), 한강(고양 킨텍스~김포공항~여의도), 탄천(송파구 잠실헬기장~수서역) 등에서 UAM 테스트가 진행될 예정이다. 이를 통해 승용차가 1시간 걸리는 30~50km 이동 거리를 20분 만에 도달할 수 있게 된다.

Chapter 4

디지털 혁신가,
테크 자본가의 등장

웹 3.0 시대를 연
비탈릭 부테린

                             과거의 자본가는 토지, 건물, 기계 설비 등의 물리적 자산을 보유하고 이를 통해 부를 축적했다. 또한 농업, 제조업, 철도, 부동산 등 전통적인 산업에 집중해 왔다. 특히 산업혁명 시기에는 제조업, 철강, 석유 등 중공업 분야에 투자해 대규모 공장을 세우고 생산력을 강화하는 데 집중했다. 상업 역시 대부분 오프라인 비즈니스를 기반으로 유통망을 확장해 큰 부를 이루는 경우가 대부분이었다.

    이들은 대규모 생산과 대량 소비를 통해 비용을 절감하고 수익을 극대화하는 비즈니스 모델을 사용했다. 생산 시설과 물류 네트워크에 우수한 인력을 배치하는 것이 일반적이었고 더불어 대규모 조직을 중앙에서 관리하고 통제하는 것이 지배적인 운영 방식이었다.

반대로 디지털 시대의 자본가는 데이터, 소프트웨어, 디지털 플랫폼, AI 등 눈에 보이지 않는 기술 기반의 무형 자산을 중시한다. 특히 스타트업, 인터넷 기업, 디지털 플랫폼에 투자하거나, 기술 개발을 통한 부의 창출이 일반적이다. 디지털 시대의 자본가는 혁신적인 아이디어와 기술에 투자하거나, 본인이 직접 혁신 기술을 발굴해 빠른 성장과 높은 수익을 추구한다.

이들은 사용자 데이터와 네트워크 효과를 통해 시장 지배력을 확대하고, 다양한 서비스와 제품으로 생태계를 확장하는 과정을 거쳐왔다. 더불어 원격 근무와 협업 도구를 통해 분산형 조직 구조를 갖추고, 빠르게 변화하는 시장 환경에 유연하게 대응하는 것을 주요 의사결정 방식으로 사용했다.

코로나19 이후 디지털 세상에서 부를 창출한 신흥 자본가, 디지털 혁신가들이 끊임없이 등장하고 있다. 이들은 앞서 말한 전통 자본이 아닌 디지털 자본을 활용해 새로운 방식으로 산업을 일구고 부를 창출해 거부의 자리에 올랐다.

대표 인물은 바로 이더리움의 창시자라 불리는 비탈릭 부테린이다. 1994년생 러시아 출신 개발자로, 1999년 캐나다로 이민을 한 후 대학을 미처 졸업하지 못했음에도 블록체인에 대한 깊이 있는 고민 끝에 이더리움을 만들었다.

개발 초기에는 중앙화된 은행의 존재를 비판하며 디지털 시대에는 블록체인이 새로운 은행의 역할을 할 것이라고 주장했다. 법정화폐를 대체하는 용도의 새 화폐 역시 그의 고민거리였으나, 이제는 인터넷 환경, 기업을 위한 용도로 이더리움의 대중화에 공을 들이고 있다. 쉽게 말해 인터넷 기능의 탈중앙화를 이루어내겠다는 목표다.

지난 2012년 이더리움 재단을 설립해 상대적으로 금융 혁신을 꾀하기 쉬운 스위스에 거주하며 여덟 명의 공동 설립자와 함께 블록체인의 플랫폼 전환을 꾀했다. 2013년 일종의 사업보고서인 백서를 발간했고, 2014년에는 크라우드 펀딩을 통해 자금을 모았다. 그리고 2015년에 이더리움의 최초 공개 버전인 프런티어를 내놨다. 비탈릭 부테린은 이더리움을 탈중앙 기반 비영리로 운영해야 한다고 주장한다.

그는 기존 블록체인에 스마트 계약(smart contract) 기능을 추가한 탈중앙 블록체인 플랫폼으로 이더리움을 구축했다. 스마트 계약은 합의 프로세스를 자동화한 컴퓨터 프로그램이다. 코드에 적힌 계약 조건을 만족하면 그 즉시 계약이 성사되는 구조로 모든 과정은 중앙화된 누군가의 통제 없이 자동으로 이루어진다. 특히 별도의 합의 알고리즘을 구축해 중개자의 필요성을 없앴다.

특히 이더리움 생태계는 웹 3.0이라는 새로운 형태의 인터넷 세상을 열고자 한다. 웹 3.0을 명확하게 정의하기 어렵지만, 일반적으

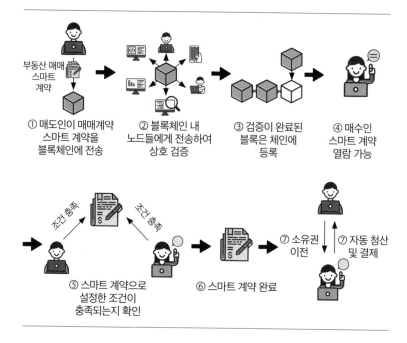

① 매도인이 매매계약 스마트 계약을 블록체인에 전송

② 블록체인 내 노드들에게 전송하여 상호 검증

③ 검증이 완료된 블록은 체인에 등록

④ 매수인 스마트 계약 열람 가능

부동산 매매 스마트 계약

조건 충족

조건 충족

⑤ 스마트 계약으로 설정한 조건이 충족되는지 확인

⑥ 스마트 계약 완료

⑦ 소유권 이전

⑦ 자동 청산 및 결제

로 '중앙화된 인프라 대신 약속된 프로토콜로 특정 문제를 해결하는 새로운 인터넷 형태'라고 해석할 수 있다. 특정 플랫폼에 종속되지 않고 이용자가 데이터 주권자로서 정보 생산과 쌍방 소통을 주도하는 것이 특징이다.

이러한 차세대 인터넷의 운영 방식은 탈중앙 자율조직(DAO)에서 이루어진다. 타인과의 거래와 데이터에 신뢰를 제공한다는 블록체인의 가치를 서비스 운영에 대입한 것이다. 특정 국가나 중앙은행에 휘둘리지 않고, 특정 기업 또는 한 국가의 흥망성쇠에서도 자유롭다. 블록체인으로 인해 기업의 형태, 조직과 커뮤니티의 구조까지 변화하고 있는 것이다.

이러한 속성을 담은 이더리움은 현재도 지속적인 혁신과 발전을 통해 다양한 산업 분야에서 활용되고 있다. 금융시장을 넘어 네트워크, 기업 공급망 관리, 게임, 소셜 네트워크 시장에서도 활발하게 이용된다. 비탈릭 부테린은 이더리움의 성공으로 약 4조 원 이상의 재산을 축적한 것으로 추정되며, 〈포브스〉와 〈포천〉 등의 경제지에도 젊은 부자로 자주 소개되고 있다.

디지털 시대의 필수재, AI 시대를 연 샘 올트먼

AI를 통해 인류의 새로운 미래를 열고 있다고 평가받는 샘 올트먼은 1985년생으로 시카고 태생이다. 독일에서 이민 온 유대인 가정에서 태어난 그는 8세에 매킨토시 컴퓨터를 이용해 프로그래밍을 배웠다고 전해진다.

명석한 두뇌 덕에 2003년 스탠퍼드대학 컴퓨터공학과에 입학했지만 여러 실리콘밸리의 창업자들이 그랬듯 2학년 때 학교를 그만

두고 친구들과 창업 전선에 뛰어들었다. 그리고 2005년 소셜 플랫폼인 '루프트'를 설립했다. 루프트 자체는 시장에 안착하지 못했지만 루프트 개발 당시 인연을 맺었던 벤처 캐피탈 와이콤비네이터로 자리를 옮겼고, 28세라는 젊은 나이에 대표를 맡아 남다른 투자 역량을 뽐냈다. 그는 에어비앤비, 도어대시, 레딧, 스트라이프, 인스타카트, 핀터레스트 등 여러 테크 기업을 발굴해 초기 투자에 성공하며 실리콘밸리의 대표 인사로 거듭났다.

이후 꾸준히 관심을 두고 있던 AI에 새로운 미래가 있다고 판단해 2015년 12월 일론 머스크, 그렉 브록만과 함께 '오픈AI'를 창업했다. 당시의 오픈AI는 인류를 위한 비영리 AI 연구소 성격이 강했지만, 2018년 대규모 언어 모델(LLM, Large Language Model) GPT 시리즈를 발표하며 새로운 전기를 맞이하게 되었다. GPT는 대량의 데이터를 학습하고 언어 분야의 번역, 요약, 작문, 질의응답, 대화 등을 생성하는 AI로, 당시만 해도 구글 등 미국의 빅테크 기업이 개발을 주도했다.

미국의 다양한 정보통신기술(ICT) 투자자들은 비영리 형태로 출발한 오픈AI에 막대한 자금을 밀어줬고, 미국 마이크로소프트가 직접 펀딩 라운드에 10억 달러 규모를 투자하기도 했다. 특히 경쟁사들이 앞다퉈 AI에 대한 깊이 있는 고민에 착수하자, 오픈AI는 기존의 비영리 체제 대신, 적극적인 수익화와 투자 유치를 통해 시장을 선도하겠다는 자세를 취하게 된다.

2018년 첫 번째 AI 모델 GPT-1의 경우, 1억 1,700만 개의 매개변수를 통해 간단한 대화가 가능한 수준에 불과했지만 엄청난 자본이 유입되면서 퀄리티가 달라졌다. 이후 등장한 GPT-2와 GPT-3는 매개변수를 1,750억 개로 늘려 학계에 큰 충격을 주었다. 차츰차츰 두뇌를 늘려간 GPT 시리즈는 마침내 2022년 11월, 챗GPT의 등장으로 서비스화에 성공한다.

이전에도 'AI 비서'라고 불리는 서비스들이 존재했지만, 챗GPT는 수준이 달랐다. 정해진 대답을 앵무새처럼 반복하는 수준을 넘어 창의적이고 논리적인 답을 내놨다. 물론 거짓말이 섞여 있다는 치명적인 결함이 있었지만, 그마저도 더 사람 같아 보였다.

챗GPT는 등장한 지 불과 2개월 만에 1억 명의 사용자를 불러 모으며 역대 가장 빠르게 성장한 서비스에 이름을 올렸다. 엄청난 성능의 새 모델 GPT-4가 등장한 3월에는 서비스 사용자 16억 명을 달성했다. 세계 인구 5명 중 1명이 이 챗봇과 대화를 나눈 셈이다.

PC, 인터넷, 모바일을 잇는 새로운 디지털 혁명이 도래했다는 선언이 여기저기에서 쏟아져 나왔다. 많은 사람이 GPT-4를 가지고 코딩, 콘텐츠, 이미지 생성 등 다양한 방면에서 활용을 시도하고 있다. 마이크로소프트는 오픈AI 지분 49%를 확보했고, 전 세계에서 가장 큰 테크 기업으로 발돋움했다.

오픈AI GPT-4o 주요 기능

- 인간의 음성 질문과 카메라로 촬영한 영상에 대해 실시간 답변
- 음성 응답 시간 평균 0.32초로 5.4초 걸리던 전 모델 대비 개선
- 상황이나 사람의 요청에 맞춰 감정 표현, 노래 부르기, 여러 사람의 목소리를 구별해 인식
- 전작인 GPT-4 터보 대비 작동 비용 50% 저렴

출처: 오픈AI

그리고 2024년 5월에는 인간의 응답 시간을 상회하는 반응 속도를 갖춘 GPT-4o가 등장했다. 이제 AI는 수학능력시험, 심지어 변호사 자격증을 스스로 따낼 정도로 인간의 뇌와 유사한 수준까지 성장한 것이다.

최근 샘 올트먼은 슈퍼 AI라 불리는 AGI(Artificial General Intelligence) 개발을 위해 1,000억 달러(약 135조 원) 유치에 나선 상태다. AGI는 인간 수준의 역량을 지닌 AI를 의미하며, 특정 작업이나 분야가 아니라 모든 영역을 가리지 않고 수행하는 광의의 AI를 뜻한다. 그는 연일 AGI가 현대인의 삶을 바꿀 것이라고 말한다.

특히 정해진 데이터세트에 기반해 학습하는 AI와 달리 AGI는 스스로 지식과 기능을 습득하고 창의적으로 발전하는 것이 특징이다.

| Part 1 | 디지털로 다시 쓰는 자본주의

영화 〈아이언맨〉 속에서나 보던 AI 비서 자비스가 현실 세계에 등장한 셈이다. AGI가 구현되면 제조업, 의료, 교육 등 거의 모든 산업 영역에서 엄청난 혁신이 일어날 것이다. 분야를 가리지 않고 창의성을 발휘할 수 있는 AGI 기술은 인간 문명의 향후 방향을 좌우할 핵심 축이 될 것이라는 분석이 나오고 있다. 디지털 인류 사회를 이끌 새로운 존재가 등장하게 되는 것이다.

물론 AI에 장밋빛 미래만 있는 것은 아니다. 오픈AI 이사회는 지

| AGI와 Narrow AI의 차이 |

구분	인공 일반 지능 (AGI)	특정 목적 인공지능 (Narrow AI)
정의	인간과 유사한 지능 수준을 보이는 인공지능	한정된 작업이나 분야에서 특화된 지능 수준을 보이는 인공지능
능력	학습, 이해, 추론, 문제 등 인간 지능의 전반적인 기능을 모방	특정 작업에 최적화된 기능 수행
적용 범위	다양한 분야에 걸쳐 유연하게 적용	매우 한정된 범위의 작업이나 문제에만 적용 가능
자율성	인간과 같은 수준의 자율적 의사 결정 능력	사전에 프로그램된 규칙이나 데이터에 기반한 의사 결정만 수행
학습 능력	제한된 데이터로부터 일반화된 지식을 학습하고 새로운 상황에 적용	대량의 데이터나 특정 직업에 특화된 학습을 통해 최적화
창의성	새로운 문제를 해결하거나 창의적 작업을 수행할 수 있는 잠재력	주어진 문제 해결에 초점을 맞추며 창의적 작업 수행은 제한적
사회 윤리적 영향	인간 사회 전반에 광범위한 영향을 미칠 가능성	특정 분야에서의 영향력은 크지만, AGI만큼 전반적인 영향력은 미미

출처: 삼성 SDS

난해 샘 올트먼을 CEO 자리에서 전격 해임해 일종의 쿠데타를 벌였다. 오픈AI의 창립 이념은 인류를 위해 안전한 AI를 개발하는 것인데, AI를 최고의 돈벌이로 만든 샘 올트먼을 더 이상 CEO로서 신뢰할 수 없다는 지적이 나온 탓이다. 하지만 승자는 샘 올트먼이었다. 그는 오픈AI에 100억 달러 이상을 투자한 마이크로소프트를 등에 업고 닷새 만에 화려하게 복귀했다. 이를 통해 세계 최고의 테크 자본가라는 수식어를 얻었다.

한편 AI에 대한 두려움이 싹트고 있다. AI가 사회와 경제, 개인 생활에 막대한 영향력을 미치기 시작하면 편견과 오류를 확장하거나, 적대적이고 해로운 판단을 하거나, 결정적으로 인간의 통제를 벗어날 수 있다는 우려의 목소리가 나온 것이다. 이 모든 일이 발생할 경우 누구에게 책임을 물을 것인가? 끝 모르고 성장 중인 AI에 브레이크를 달 필요가 있다는 목소리에 힘이 실리는 이유다. AGI의 대중화와 별개로 샘 올트먼의 행보에 무거운 책임감이 뒤따를 것이다.

| Part 1 | 디지털로 다시 쓰는 자본주의

대규모 언어 모델, LLM이란 과연 무엇인가?

인공지능 생태계의 핵심 두뇌 역할을 맡는 대규모 언어 모델
(LLM)은 AI 연구와 자연어 처리(NLP) 분야에서 사용되는 최신
기술이다. 인간의 언어를 이해하고 생성하는 데 탁월한 능력
을 보이는 모델을 지칭하며, 수십억에서 수천억 개에 이르는
매개변수(parameters)를 학습하고 방대한 양의 텍스트 데이터를
바탕으로 다양한 언어적 작업을 수행할 수 있다. 특히 LLM은
수십억 개의 웹페이지, 책, 논문 등 다양한 출처에서 수집된 대
규모 데이터세트를 학습해 인간이 사용하는 언어의 문법, 의
미, 맥락 등을 이해한다. 이를 통해 여러 분야에 걸친 질문에
답변하거나, 특정 주제에 대한 글을 생성할 수 있는 능력을 갖
췄다.

다만 LLM은 훈련된 데이터에 의존하며, 때로는 잘못된 정
보나 편향된 정보를 생성할 수 있다. 또한 대규모 데이터와 연
산 자원이 필요해 운영 비용이 많이 들며, 개인정보 보호 및 윤
리적 문제 등도 중요한 문제로 대두되고 있다.

TECHNOVATION

자본의 토지와
토양이 바뀐다

우리는 자본주의가 또 한 번의 큰 전환기를 맞이하고 있는 디지털 시대에 살고 있다. 지금의 시대는 기술 혁신으로 경제의 근본적인 요소와 자본의 형태가 변화한다. 특히 자본의 토지와 토양이 바뀌고 있다는 점은 매우 주목할 만한 변화다. 디지털 시대의 경제적 성공을 위해서는 새로운 토지와 토양을 이해하고 이에 적응하는 능력이 필수이기 때문이다.

전통적인 자본주의 경제에서 토지와 토양은 자본의 중요한 구성 요소로 여겨졌다. 여기서 토지는 물리적인 장소나 공간을 의미하고, 토양은 자본이 뿌리를 내리고 성장할 수 있는 경제적 여건 혹은 기반을 뜻한다. 전통적인 자본주의에서는 공장, 농장, 광산과 같은 물리적 공간이 자본의 주요 기반이 되었고, 이를 바탕으로 경제 활동이 이루어졌다.

그러나 디지털 시대에 들어서면서 자본의 토지와 토양의 개념은 완전히 새로운 형태로 변화하고 있다. 이제 자본의 토지와 토양은 더 이상 물리적 공간에 제한받지 않는다. 디지털 공간과 데이터 생태계가 새로운 자본의 기반으로 대체되었다. 자본의 새로운 토지는 물리적 땅이 아닌 디지털 플랫폼과 네트워크다. 데이터가 새로운 자본의 중심에 서게 되었으며, 알고리즘이 그 자본을 운용하고 증식시키는 핵심 도구가 되고 있다. 데이터는 디지털 경제에서 가장 가치 있는 자산으로 여겨지고 있다.

디지털 시대의 자본주의는 새로운 가능성을 열어주지만, 동시에 새로운 도전 과제도 야기한다. 디지털 인프라와 자본에 대한 접근성의 격차는 새로운 형태의 경제적 불평등을 초래한다. 자본의 새로운 토지와 토양이 데이터와 디지털 플랫폼이라는 점은, 특정 기업들에 막대한 데이터와 디지털 자산의 독점이라는 문제를 가져온다. 디지털 자본주의는 단순히 기술의 발전이 아니라, 자본의 본질과 경제의 구조를 근본적으로 바꾸는 거대한 전환을 의미한다. 이 새로운 시대에서 우리는 자본의 새로운 토지와 토양을 이해하고 더 나은 경제와 사회를 만들어 나가야 할 것이다.

Chapter 1

새로운 비즈니스 공간
메타버스의 등장

메타버스는
어떻게 시작되었을까

메타버스는 코로나19 이후 전 세계 기술 시장에서 가장 강력한 블루칩으로 떠올랐다. meta(가상, 초월)와 universe(세계, 우주)의 합성어로, 가상현실(VR, Virtual Reality)과 증강현실(AR, Augmented Reality) 기술을 활용해 물리적 현실과 가상의 세계가 결합한 디지털 공간을 의미한다. 즉 VR과 AR 기술을 통해 현실과 가상의 경계를 허물고, 새로운 형태의 디지털 경험을 제공한다. 이는 게임, 소셜 네트워킹, 경제 활동, 교육, 업무 등 다양한 분야에서 혁신을 일으키고 있다. 메타버스의 발전은 기술적 진보와 사회적 변화를 동시에 촉진하며, 디지털 시대의 새로운 패러다임을 형성하고 있다.

| VR과 AR 비교 |

구분	VR (가상현실)	AR (증강현실)
현실과의 경계	모두 현실이 아닌 가상 객체의 영상 이미지 사용	현실의 이미지, 배경에 가상 객체를 얹어 연결된 영상으로 표현
주요 목표	현실과 단절된 가상에서의 몰입과 상호 작용	현실과 기술이 유기적으로 결합된 가상 세계에서의 상호작용

출처: 삼성전자 반도체 뉴스룸

메타버스라고 하면 흔히들 가장 먼저 VR을 떠올린다. VR 기술을 통해 사용자가 완전히 가상화된 환경에 몰입하는 것이 핵심이며, VR 헤드셋과 컨트롤러를 사용해 가상 세계를 탐험하고 그 안에서 상호작용을 하는 방식이다. 또한 AR은 현실 세계에 디지털 정보를 겹쳐 보여준다. 스마트폰이나 AR 안경을 통해 현실 세계와 가상 요소가 결합한 환경을 경험할 수 있다.

디지털 아바타 역시 메타버스를 설명하는 핵심 키워드다. 메타버스에서 이용자는 디지털 아바타를 통해 자신을 표현하는데, 대화, 협업, 게임, 거래 등 다양한 활동을 포함한다. 아바타는 사용자 개인의 외모, 성격, 스타일을 반영할 수 있으며, 다양한 커스터마이징 옵션을 제공한다. 메타버스는 사용자들이 가상 세계에서 다양한 활동을 할 수 있는 환경을 제공하며, 게임뿐만 아니라 경제 활동과 업무에 이르기까지 다양한 분야에 걸쳐 있다. 아바타를 활용해 단지 VR을 실제와 같이 즐기거나 게임을 하는 데 그치지 않고, 가상 세계의 활동이 현실 세계에서의 사회, 문화, 경제적 활동에 실제와 같은 영향을 미치고 있다는 점에서 또 다른 삶의 공간으로 주목받고 있다.

사실 메타버스는 꽤 오래전에 등장한 개념이다. 약 30년 전인 1992년, 미국 SF 작가 닐 스티븐슨의 소설 『스노 크래시』에 처음 등장했다. 한동안 상상 속에서나 가능할 것으로 보였고 영화의 주제로만 활용되던 메타버스는 5G 네트워크 상용화에 따른 정보통신기술 발달과 코로나19 팬데믹에 따른 비대면 추세의 가속화로 우리 삶전면에 등장했다.

모두가 출근할 수 없고 학교를 갈 수 없는 상황이 되자, 기업과 학교는 너나 할 것 없이 비대면을 통해 현실 세계의 삶을 이어가려 했다. 국경을 초월한 초국적 기업들이 주로 활용하던 화상회의는 일상이 되었고, 여기에 회의에 필요한 기술들이 더해지며 가상 속 업무 공간은 더욱 팽창했다. 아예 디지털 오피스가 만들어지며 메타버스로 출근하는 직장인들이 크게 늘기 시작했다. 한시적으로 진행된 원격 근무를 아예 영구적으로 정착시킨 기업도 등장했다.

온라인 수업을 위한 IT 기기들도 필수품이 되었다. 그간 주로 VR 기기를 활용한 몰입형 학습이 메타버스 교육의 대부분을 차지했다면, 코로나19 이후에는 교육 과정 전반의 시공간이 사라지는 형태로 진화했다. 선생님은 VR 기기로 가상의 교실에서 학생들과 현실의 교실에 있는 것처럼 만나 수업을 진행했고, 직접 갈 수 없는 곳을 디지털 공간에서 방문해 학습을 진행하는 경우도 생겨났다.

물론 코로나19가 잦아든 이후, 너나 할 것 없이 메타버스 서비스 이용자들이 이탈하고 있다. 코로나19로 억눌려 있던 대면 수요가 급격히 늘어나며 직접 만나기를 원하는 사람들이 많아진 탓이다. 그로 인해 막대한 정부 예산이 투입된 공공 메타버스 서비스를 향한 비난도 거세다. 기업들 역시 실제 서비스 구현에 실패해 테마주로 그치는 경우도 적지 않았다.

그러나 메타버스 생태계 활성화는 피할 수 없다. 메타버스 기술을 통한 편리함은 인건비 감소를 비롯해 산업 전반의 효율화를 가져왔다. 또한 온 세상의 비대면 수요는 더욱 늘어날 수밖에 없다. 인구 감소와 초고령 사회, 수도권 집중화 현상은 매해 가속화되고 있으며, 특히 AI 기술 고도화와 확장현실(XR, extended reality) 기기들의 대중화로 인해 메타버스는 더 깊이 우리 삶에 투영될 것이기 때문이다. 코로나19가 잦아든 지금 모두가 메타버스의 중요성을 외면하고 있지만, 앞으로 메타버스는 선택이 아닌 필수가 될 것이다.

일상에 침투하는
메타버스

　　　　　　　　　　　　　　메타버스를 오늘날 새롭게 등장한 개념이라기보다, 인문학적 정의로 보는 사람도 적지 않다. 굳이 3D 또는 VR 기반이 아니라 할지라도 관심사가 일치해 온라인 공간에 모여 있는 것 자체를 메타버스의 시작이라고 보는 관점이다. 대표 사례가 바로 게임 공간으로, 지난 1998년 등장한 온라인 롤플레잉 게임인 리니지를 메타버스로 봐야 한다는 의견이다. 게임 내 역할에 자신을 투영해 기사와 군주, 마법사 등의 직업을 수행하며 한 캐릭터의 인생으로 가상공간을 누비기 때문이다. 여기서 게임 아이템은 실제 활용할 수 있는 공간이 게임에 한정되어 있음에도 현실의 법정화폐를 통해 거래가 이루어졌다.

　2000년대 큰 인기를 끈 '싸이월드' 역시 마찬가지다. 싸이월드는 소통의 수단을 넘어 아바타와 미니홈피를 꾸미는 것으로 성공을 거뒀고, 자신을 투영한 아바타를 대중에게 각인시켜 이른바 멀티 페르소나(Multi-persona)의 시작을 알렸다. 싸이월드에서 쓰인 도토리는 싸이월드에서 통용되는 일종의 화폐로, 현재 비트코인과 같은 디지털 자산의 전신이라고 봐도 무방하다. 우리는 알게 모르게 과거부터 메타버스의 시대를 거쳐온 셈이다.

　물론 지금의 대중은 요즘의 메타버스를 『스노 크래시』 내에서 쓰인 개념으로 인식하고 있다. 기존 소셜 미디어와 온라인 게임 공간이 아닌, 디지털 세상 속 새로운 활동 공간이 무수히 많은 곳에서 등장하고 있기 때문이다. 단순 모바일과 PC가 아닌 VR과 AR 기기 등이 어느 정도 대중화를 이룬 점도 한몫을 차지한다. 그리고 과거에는 상상할 수 없었던 엄청난 속도의 5G 네트워크도 현실화되었다. 끊김이 없는 초저지연 네트워크 기술은 실제의 삶과 가상의 삶에 혼돈을 줄 만큼 진화했다.

여기에 코로나19라는 전대미문의 위기가 지구촌을 휘감았다. 오프라인에서 일어나는 모든 이벤트가 디지털 가상공간으로 옮겨갔다. 지난 2020년 9월 네이버의 메타버스 서비스 '제페토'에서 한류 스타 블랙핑크의 팬 사인회가 개최되었고, 조 바이든 미국 대통령은 닌텐도 게임 '동물의 숲'에서 선거 활동을 펼치기도 했다.

나아가 메타버스의 개념은 공간 컴퓨팅(spatial computing)으로 진화하고 있다. 애플이 꺼낸 공간 컴퓨팅이라는 용어는 기존의 메타버스라는 거대한 담론에서, 자사 제품을 경쟁사들과 차별화하기 위한 전략의 일환으로 해석된다. 그러나 이제 모든 메타버스 서비스가 공간에 대한 이해 없이 살아남을 수 없게 되었다. 온라인뿐 아니라 현실 세계와의 결합을 통해 메타버스의 시너지를 키우는 것이다. 실제 지도를 접목한 AR 게임 '포켓몬 고'의 흥행이 대표 사례다.

스마트폰의 터치 방식이 새로운 기계와 사람의 사용자 경험을 재

| Part 2 | 자본의 토지와 토양이 바뀐다

정의한 것처럼 이제 메타버스 역시 사용자가 새로운 공간 컴퓨팅 환경에서 상호작용을 하는 사용자 접점 환경으로 진화할 것이다. 또한 물리적 환경을 완벽하게 대체하는 것보다 현실 세계와 디지털 세계로 연결하는 형태로 진화할 가능성이 높다. 컴퓨팅 환경이 PC 또는 모바일 기기 속 스크린을 통해서만 상호작용을 했다면, 이제 메타버스는 모든 기기와 공간에서 삶과 삶 사이를 연결할 것이다.

닷컴버블의 반복인가?
버블로 출발한 메타버스

20년 전 세계적 금융 위기를 촉발한 것은 바로 IT 버블의 붕괴였다. 미국 등 세계 여러 국가에서 1995년부터 2000년 사이에 IT 관련 광적인 투기가 일어났고 이후 투매로 돌아선 사건이다. 이 사건으로 인해 나스닥 종합주가지수는 2000년 3월부터 2002년 10월까지 943일간 고점 대비 78% 가까이 하락하면서 나스닥 역사상 가장 큰 하락 폭을 기록했다.

대표적으로 아마존 주가는 2년 동안 무려 95% 폭락했고, 우리나라 역시 적잖은 IT 기업들이 도산하거나 상장폐지되었다. 대표 주식인 '새롬기술'은 인터넷전화 혁신 기술에 대한 기대감으로 1999년 10월 1,890원에 거래되던 주가가 2000년 3월 초 28만 2,000원까지

| 닷컴버블 당시 나스닥 지수 |

(나스닥 지수)

2000년 3월 10일
나스닥 사상 최고치 달성

5048.62

출처: 트레이딩뷰

약 150배 뛰었다. 그러나 거품은 오래가지 않았다. 새롬기술 주가
는 2000년 말 5,000원대로 폭락해 IT 버블 붕괴의 상징으로 남았다.

　당시 대부분의 사람은 '투기꾼들 다 망할 줄 알았다'며 투자 시장
을 비웃었지만, 정작 혁신의 꽃은 버블에서 잉태되었다. 다수의 기
업이 조용히 사라졌지만 구글과 애플, 마이크로소프트와 같은 지금
의 빅테크 기업들이 당시의 버블 붕괴를 통해 성장했고 끝내 자리
잡았기 때문이다. 쓰러진 회사의 인력을 흡수해 인고의 시간을 거쳐
다시 태어난 우리나라의 기업들이 바로 지금의 네이버와 카카오, 넥
슨이다.

　코로나19로 촉발된 메타버스 열풍 역시 자본시장 내 버블을 키운

| Part 2 | 자본의 토지와 토양이 바뀐다

주역이다. 메타버스란 용어가 본격적으로 쓰이기 시작한 2020년부터 기업들은 메타버스를 너나 할 것 없이 주요 사업에 붙이며 '혁신메타'에 올라타기를 희망했다. 단순한 비대면 서비스를 제공하더라도 모두 경쟁적으로 메타버스라는 이름을 붙였다. 콘텐츠 기업에 국한한 이야기는 아니다. 국내 시중 은행마저 마땅히 본업과의 접점이 없음에도 저마다 메타버스 애플리케이션을 내놓은 것이 이를 방증한다. 페이스북과 인스타그램을 운영하던 기업 페이스북은 아예 사명을 메타로 바꾸기도 했다.

현실 경험을 가상 세계로 이동시키는 메타버스 생태계에는 5G 네트워크뿐 아니라, 메타버스를 소비자에게 구현시켜 줄 하드웨어, 그리고 수많은 데이터를 융복합하고 처리하는 데이터 센터가 필요하다. 아울러 데이터의 쌍방향 교환과 저장을 가능하게 하는 클라우드, 메타버스 콘텐츠의 주 유통채널인 AR·VR, 그리고 기반이 되는 콘텐츠 등 여러 산업군의 유기적 결합이 필수다. 하나의 메타버스 요소만으로 성공적인 메타버스 비즈니스를 영위하기란 어렵다는 뜻이다. 여전히 해결되지 않은 문제이기도 하다.

글로벌 주도 기업들은 활성화된 메타버스를 위해 관련 업체를 인수하거나 사업 부문을 확장하며 활발하게 투자를 진행했다. 각각의 생태계 아래로 나름의 공급망 체계가 마련되었고, 국내외 기업들 상당수가 테마주로 편입되며 코로나19 기간 풀린 시장의 유동성을 거침없이 빨아들였다. 화려한 돈 잔치 속에 글로벌 빅테크 기업들은 속속 메타버스 관련 상품을 내놓으며 시장을 열광시켰다.

애플도 메타버스의 버블을 적극 활용한 곳이다. 지난 2020년 10월 아이폰 시리즈 중 최초로 5G를 지원하는 아이폰12를 출시했다. 아이폰 프로 모델에는 AR을 지원하는 라이다(LiDAR) 센서를 탑재했고 이 덕분에 AR 라이다 센서 시장은 국내 코스닥 시장의 블루칩으로 거듭났다. 여기에 애플은 VR 헤드셋 개발을 공식화하고 2024년 '비전프로'를 시장에 내놓았다. 아이폰과 앱스토어 생태계를 구축한 경험이 있는 애플은 AR·VR 부문까지 확장을 시도했고, 덕분에 기존 아이폰 단말기 공급사들은 일제히 주가 급등의 수혜를 입었다.

사명까지 바꾼 마크 저커버그의 메타 또한 신사업 투자의 일환으로 2014년 VR 기기 제작 업체인 '오큘러스'를 인수한 이후, 연일 신규 VR 헤드셋을 내놓고 있다. 특히 메타버스와 직접 연관이 없음에도, 메타와 함께 협력을 진행한 국내외 기업들 모두 메타버스 관련주로 묶이며 연일 주가를 끌어올렸다. 메타와 수년 전 맺은 업무협약(MOU)을 보도자료로 각색해 다시 발간하는 기업들도 적지 않았다. 모두 실제 기업 가치에 메타버스가 큰 보탬이 되지 않았음에도 큰 폭의 주가 상승을 맛보았다.

하지만 빅테크를 포함한 메타버스 사업자 상당수는 시장에 영근 기대감을 완연한 현실로 바꾸지는 못했다. 2022년에 접어들어 코로

| Part 2 | 자본의 토지와 토양이 바뀐다

나19 종결에 진입했고 모두가 문을 열고 세상 밖으로 나오기 시작했다. 메타버스의 혁신과 별개로 시장의 거품이 빠지기 시작한 것이다. 코로나19 유동성 파티를 촉발한 전 세계 주요 국가들은 일제히 긴축 정책을 공식화했고 시장의 유동성은 빠르게 메말라갔다.

메타가 꿈꾸는 오큘러스의 미래

메타는 오큘러스를 통해 메타버스 및 XR 기술 생태계를 구축하고, 대중화하기 위해 다양한 전략을 펼치고 있다. 메타의 목표는 단순히 VR 기기 판매에 그치지 않는다. 메타버스를 중심으로 한 새로운 디지털 생태계를 구축하는 것을 목표로 한다. 그간 게임 등 콘텐츠 소비에만 그치던 VR 환경에서 사람들의 사회적 교류, 피트니스, 상거래, 가상 학습 등이 가능하도록 유도하고, 향후 개인 삶에 큰 변화를 불러오도록 만들겠다는 전략이다.

메타는 메타버스를 구성하는 여러 기술 요소와 산업 생태계를 확장하는 데 집중하고 있다. 인프라(5G, 클라우드, 반도체), 휴먼 인터페이스(웨어러블 디바이스, 모션 인식), 공간 컴퓨팅(3D 엔진, XR), 창작자 경제(디자인 도구, 자산시장), 경험(게임, 소셜, e스포츠, 극장) 등 다양한 분야에서 기술과 비즈니스의 연결을 도모하고 있다. 구체적으로 '메타 퀘스트' 시리즈를 비롯해 다양한 VR 기기를 개발 중이며, AR 글라스도 출시할 예정이다.

역경을 딛고 일어날
메타버스 산업 시장

메타버스 구현 사례를 속속 내놓은 빅테크와 별개로, 메타버스 열풍은 테마주로 촉발된 버블 쇼크를 피하지 못했다. 메타버스 대표주자로 불렸던 미국의 '로블록스'가 대표 사례다. 코로나19가 정점으로 치닫던 2021년 말, 시가총액이 90조 원에 달했으나 2022년 급격한 주가 급락을 거쳐 2024년 7월에 들어 시가총액이 30조 원대로 쪼그라들며 고점 대비 3분의 1 수준까지 기업가치가 하락했다.

메타를 비롯한 미국의 주요 메타버스 기업들 모두 이러한 상황을 피하지 못했다. 특히 메타는 기존 인터넷 플랫폼 중심의 사업 전환을 위해 무려 10조 원이라는 거액을 쏟아부었지만, 마땅한 성과를 내지 못하며 투자 시장에서 외면당했다. 메타버스 거품이 빠진

| Part 2 | 자본의 토지와 토양이 바뀐다

2022년 말 메타의 주가는 주당 100달러선까지 밀리며 시총은 고점 대비 3분의 1 수준까지 빠졌다.

메타버스 거품이 빠지자 빅테크 주도의 관련 사업 역시 크게 위축되었다. 메타버스 사업에 공을 들이던 월트디즈니는 메타버스 개발 부서를 아예 없앴고, 마이크로소프트 역시 메타버스 서비스 '알트스페이스'의 VR 서비스를 종료했다. 신형 플레이스테이션 VR 기기를 내놓은 소니 역시 제대로 된 성과를 내지 못했다.

갑작스러운 유동성 감소기에 접어들면서 기업은 소비 침체에 대응해야 했다. 일단 메타버스 소비의 상단을 뚫어줄 하드웨어 혁신부터 혈관이 막혔다. 실제 메타가 내놓은 확장현실 헤드셋 기기인 오큘러스 퀘스트2는 1,000만 대가량의 판매량을 기록해 나름의 의미 있는 성과를 냈지만, 수억 대가량의 연간 판매량을 확보한 스마트폰 수준의 대중화는 이루어내지 못했다. 후속작 오큘러스 퀘스트3, 소니의 플레이스테이션 VR2(PSVR2) 또한 충분한 수요처를 찾지 못했다.

메타가 지난 2022년 선보인 '호라이즌 월드'는 사용자가 직접 만든 아바타를 이용해 가상공간에서 업무와 쇼핑, 파티 등을 즐길 수 있는 플랫폼이다. 메타는 월 50만 명의 사용자를 확보한다는 계획이었지만, 현재 기준으로 사용자는 목표에 절반도 미치지 못한다. 호라이즌 월드는 다양한 게임 및 활동을 제공하는 메타의 VR 헤드셋으로 접속이 가능하고, 영화 〈레디 플레이어 원〉과 마찬가지로 메타버스 속 다양한 콘텐츠 활동이 가능하도록 구축되어 있다. 하지만 접속률은 점차 감소하고 있으며, 메타의 VR 헤드셋 사용률도 지속해서 떨어지는 추세다.

이러한 분위기는 국내시장에서도 쉽게 포착된다. 네이버의 글로벌 메타버스 서비스 '제페토'와 SK텔레콤의 '이프랜드', 한글과컴퓨터의 '싸이타운' 역시 마찬가지다. 단순한 아바타 콘텐츠를 넘어 국내외 패션, 유통 업체와의 협력에 힘을 쓰며 메타버스 활용성을 키웠지만, 코로나19가 끝나자 소비자들은 일제히 떠났다. 가상공간 내 커뮤니티를 이용할 동기를 찾아내지 못한 것이다.

메타버스의 수급이 갑작스레 빠지게 된 또 다른 이유로는 이용자들이 충분한 만족감을 얻지 못했다는 점이 꼽힌다. 시각을 제외한 청각, 촉각 등 나머지 감각에 대해 강력한 인상을 주지 못한 탓이다. 예상보다 거리가 멀었던 3차원 가상 세계를 영화 같은 현실로 가져오는 메타버스의 비전이 여러 기술적 제약 탓에 세상 사람들에게 큰 자극을 주지 못했다. 정보통신정책연구원(KISDI)의 보고서 〈2023년 메타버스 이용 현황 및 이용자 특성〉에 따르면 지난해 우리나라 국민의 메타버스 이용률은 4.2%(전체 응답자 9,941명 중 417명)에 불과했다. 이용자 기반 확대가 어려운 메타버스의 고질적 한계가 드러난 결과다.

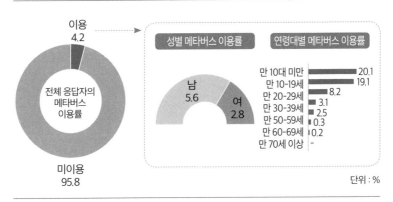

출처: 정보통신정책연구원

하지만 메타버스 시장이 끝났다고 보는 사람은 없다. 메타버스는 XR·VR·AR과 결합한 하드웨어 위에 이를 구동하는 운영체제, 앱을 거래하는 앱스토어, 대화를 나누는 소셜 미디어, 메타버스 게임 등이 작동하는 구조다. 생태계를 차지한 빅테크 기업이 모든 것을 독식할 것으로 보고 있지만, 이 틈을 노리는 혁신 기업들의 니즈는 여전하다. 파괴적 혁신을 꾀할 이들이 누군지 당장은 알 수 없지만, 다가오는 거대한 메타버스 물결에 전혀 다른 방식으로 경쟁에서 승리를 쟁취할 이들이 머지않아 등장할 수밖에 없다.

파괴적 혁신은 숱한 고난과 고통 속에서 등장한다. 전 세계 모바일 시장을 석권한 애플의 아이폰, 전 세계 검색 시장 패권을 주도한 구글 역시 비슷한 과정을 거쳤다. 메타버스의 혁신은 이제부터 시작이라고 보고 성공적 사례를 발굴하기에 앞서 실패 사례를 통한 교훈을 얻어야 한다.

무엇보다 기업발 B2C 메타버스는 현재 진행형이다. 앞으로의 메타버스는 샌드박스 장르의 게임과 소셜, 지식 콘텐츠, 워크&오피스 등으로 더욱 분화할 것이고 결국 이용자 체류 시간이 곧 돈이 되는 플랫폼 비즈니스로 안착할 것이다. 당장 우리가 눈으로 확인할 수 있는 메타버스 트랜스포메이션은 K-팝으로 확인된 콘텐츠 영역이다. 메타버스는 그 자체로 재미가 있어야 하고 이용자의 체류 동기가 필요한데, 그 부분에선 엔터테인먼트 시장이 제격이다. 마침 생성형 AI 덕에 이제 AI 딥러닝이 대중화되었다. 쉽게 말해 유명인이 직접 화보를 찍지 않아도 되는 것이다. 실물 사진과 흡사한 퀄리티의 '디지돌' AI 인물 이미지는 이미 대중화를 앞두고 있다. 누구나 몇 초 만에 자신만의 분신을 만들 수도 있다.

메타버스의 대중화는 결국 새로운 장을 만들고 있다. K-팝의 새로운 포털로 도약한 하이브의 '위버스'와 SM엔터테인먼트의 '디어유' 역시 같은 흐름 속에서 탄생했다. 팬덤 플랫폼은 가상의 체험 기술을 적극 적용해 팬들의 소비 창구를 넓히고 있다. 예컨대 모바일 앱을 통해 팬들과 소통하고 온오프라인 이벤트를 실행하며, 미디어 플랫폼과의 연결 등을 촉진해 현장에 없어도 또는 현장에 머물면서

| Part 2 | 자본의 토지와 토양이 바뀐다

도 다양한 콘텐츠를 직간접적으로 체험할 수 있다.

교육시장 및 투자시장, 지식 콘텐츠 분야도 메타버스가 가야 할 길이다. 우리는 외국인을 쉽게 만나기 어렵다. 투자 전문가도 마찬가지다. 세미나를 듣기 위해 일일이 표를 사서 현장을 찾아가는 것 또한 너무 불편한 일이다. 이러한 일들은 결국 메타버스라는 비대면 공간을 통해 이루어질 것이다.

메타버스를 인프라 측면으로 보자면 이미 우리 곁에 와 있다. 대표적인 사례가 현실 세계를 고스란히 디지털 세상에 쌍둥이처럼 구축한 디지털 트윈(digital twin)이다. 디지털 트윈 기술은 산업 현장에서 주목받는 메타버스 기술이다. 이 기술을 활용하면 산업 현장은

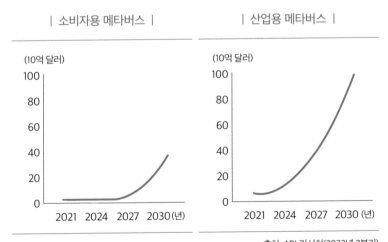

출처: ABI 리서치(2022년 3분기)

물론 도시와 같은 거대한 실제 세상을 가상공간에 펼칠 수 있어 도
시계획과 같이 복잡한 일을 미리 짜볼 수 있다. 특히 디지털 트윈의
큰 장점은 재난·재해 상황을 구현하고 방지 대책을 세울 수 있다는
것이다. 또한 로봇·자율주행차 등을 운행하는 데 필요한 지도를 구
축하는 것도 가능하다. 즉 기업형 메타버스 시장은 이제 개화기를
맞이했다고 봐야 할 것이다.

Chapter 2

애플이 메타버스 시장에 쏘아 올린 콩

새로운 미래를 만들어 가는
애플의 비전프로

코로나19 이후 메타버스를 두고 버블로 끝날 것이라는 전망이 잇따르며 조금씩 힘을 잃어 갔지만, 2024년 초 애플의 '비전프로' 출시와 함께 다시 새로운 성장 동력을 얻게 되었다. 지난 2월 미국에서 처음 출시된 애플의 혼합현실(MR, mixed reality) 헤드셋 비전프로는 그간 게임 소비에 그쳤던 VR 시장을 비롯해 메타버스의 판도를 바꿀 거대한 메기로 불린다.

고글형 헤드셋 형태의 비전프로는 iOS, iPadOS 등과 호환되는 '비전OS'를 통해 구동되며, 3차원 인터페이스와 사용자의 음성, 눈과 손으로 제어되는 입력 시스템을 갖췄다. 별도의 컨트롤러 없이 눈동자와 손의 움직임, 음성만으로 구동할 수 있다. 사용자는 직관적인 움직임을 통해 앱을 보고, 손가락으로 탭해 선택하고, 손목을 튕겨 스크롤 하거나 가상 키보드나 받아쓰기를 사용해 글자를 입력하는 등 앱과 상호작용을 할 수 있다. 또 사용 중에 외부 환경을 선명하게 볼 수 있으며, 밖에서도 고글 안의 사용자 표정을 들여다볼 수 있어 주변 사람과 소통할 수 있다.

비전프로는 공개 당시부터 비싼 가격으로 논쟁거리가 있었다. 비전프로 가격은 3,499달러(한화로 약 468만 원)로, 일반적인 소비재 가전 중에서도 꽤 비싼 가격에 속한다. 이에 대해 애플 CEO 팀 쿡은 "비전프로는 내일의 기술을 오늘 접하는 것"이라며 "가치를 생각하면 우리는 적절한 가격을 책정했다고 생각한다"며 비전프로의 높은 가격을 정당화했다.

가격에 대한 시각은 비전프로를 어떤 디바이스로 정의하느냐에 따라 달라질 수 있다. 생긴 그대로 VR 디바이스라고 생각하면 경쟁 제품 메타 퀘스트3의 가격 499달러에 비해 터무니없는 금액임은 분명하다. 그래서 애플은 비전프로를 VR 디바이스라 부르지 않는다. 양산형 VR 디바이스와는 엄연히 다른 '공간 컴퓨터'로 정의했다.

예컨대 메타 퀘스트와 같은 VR 기기는 가상공간에서 콘텐츠를 입체적으로 보여주는 데 집중하고 있고, 시각적으로 심도(깊이)를 더해 몰입감을 높이는 게 핵심이다. 즉 스마트폰, 컴퓨터라기보다는 3D 콘텐츠 플레이어에 가까운 모습을 띠고 있다. 물론 비전프로에서도

| 빅테크 AR · VR 헤드셋 비교 |

기업	메타	애플
제품	퀘스트3	비전프로
상품군	증강현실(AR)	혼합현실(MR)
가격	499달러	3,499달러
특징	40% 얇아진 기기, 첫 보급형 MR 제품	아이폰·맥과 연동해 작업 가능

입체 영상 감상이 가능하지만, 단지 이것을 위해 존재하지 않는다.

비전프로는 '내'가 위치한 실제 공간에 가상의 창을 띄우고, 그 안에서 다양하게 작업할 수 있다는 점을 강조하고 있다. 비전프로는 엄연히 컴퓨터를 지향하기 때문이다. 즉 아이폰이 모바일 컴퓨팅을 도래시킨 것과 같이 비전프로로 공간 컴퓨팅 시대를 열겠다는 것이 애플의 계획이다.

비전프로를 독립된 컴퓨터, 즉 생산성 도구로 인식한다면 다른 해석이 가능하다. 애플 맥북 프로 제품군에서 가장 큰 화면을 가진 16인치 모델은 369만 원부터 시작하며, 고급형은 519만 원이고, 모든 옵션을 최고로 맞추면 금액은 1,026만 원에 달한다. 전문가용 생산성 도구는 늘 그렇듯 비싼 가격을 이어왔다. 이를 고려하면 비전프로의 가격을 정당화할 수 있다.

애플은 비전프로를 하루 종일 사용해도 불편함이 없도록 얇은 천

비전프로 주요 스펙	• 가격 3,500달러 • 무게 600g • 600여 개 전용 앱(아이패드 생태계 포함 시 100만여 개) • 고성능 프로세서 M2칩 • 공간컴퓨팅 전용 R1칩 • 배터리 지속 시간 2시간

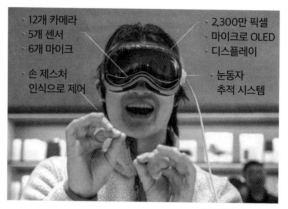

• 12개 카메라
• 5개 센서
• 6개 마이크

• 2,300만 픽셀
• 마이크로 OLED
• 디스플레이

• 손 제스처
  인식으로 제어

• 눈동자
  추적 시스템

출처: 블룸버그 머큐리

밴드와 함께 외부 배터리를 활용하는 디자인으로 선보였다. 기존 VR 제품과 달리 모바일처럼 매일 수 시간, 종일 사용할 수 있다. 또한 현존하는 양산 가능한 기술을 적용해 디지털·물리적 공간의 구분을 최소화하려 했다.

컴퓨팅에서 몰입감을 넘어 해당 공간에 있는 것처럼 느끼려면 즉각적인 반응이 중요한데 이를 위해 수집된 정보를 빠르게 디스플레이로 처리하는 R1칩세트를 별도로 추가했다. 소통, 정보 교환 또는

| Part 2 | 자본의 토지와 토양이 바뀐다

다양한 활동 등이 디지털 공간에서 발생할지라도 마치 물리적 공간에서 느꼈던 반응성을 그대로 구현하고자 했다.

더불어 12개의 카메라와 6개의 마이크를 통해서 물리적 공간의 시각과 청각을 그대로 디지털 공간으로 가져오도록 했다. 6개의 마이크는 공간감을 소리에 담기 위한 것으로 추정된다. 이처럼 애플은 비전프로를 통해 디지털 공간 간 벽을 허물고 콘텐츠와 물리적 세계의 차이를 최소화하기 위해 공을 들였다.

비전프로의 또 다른 특징을 꼽자면 인간의 눈을 보며 소통한다는 점이다. 헤드셋 외부 화면에 사용자의 눈을 표시했는데, 이 부분이 다른 기기와의 가장 큰 차이점이다. 사용자 관점에서 디지털 몰입을 넘어 같은 물리적 공간에 있는 이들과의 소통까지 감안한 것이다. 디지털 공간 속으로 사용자를 밀어 넣는 형태가 아니라, 물리적 공간과 디지털 공간 간 구분이 사라지면서 새로운 공간이 만들어지거나, 기존 공간들을 확장하는 방식이다.

손가락 대신 눈동자의 움직임으로 제어할 수 있다는 점도 특징이다. 무엇보다 여기서 애플의 생각을 읽을 수 있다. 애플은 디지털 페르소나, 즉 공간 컴퓨팅의 주체를 아바타나, 캐릭터가 아닌 사람의 형태임을 분명히 했다. 가상공간 속 몰입감을 억지로 강조한 것이 아니라, 실제 물리적 공간을 그대로 유지하면서 공간을 이동할 수 있다는 것을 보여준다.

애플이 꿈꾸는 비전프로의 미래

애플이 꿈꾸는 비전프로의 미래는 VR과 AR을 혼합한 MR을 통해 새로운 컴퓨팅 경험을 제공하는 것이다. 애플은 비전프로를 통해 기존의 컴퓨터나 스마트폰을 완전히 대체하지 않으면서 새로운 형태의 공간 컴퓨팅을 제시한다. 바로 컴퓨터와 스마트폰의 확장이다.

비전프로는 사용자의 손과 눈의 움직임으로 인터페이스를 조작할 수 있는 새로운 컴퓨팅 경험을 제공한다. 이는 기존의 PC와 스마트폰과는 다른 형태의 상호작용 방식으로, 가상공간에서의 자유로운 창작과 협업을 가능하게 한다. 특히 무한한 가상 디스플레이 환경을 제공해 여러 앱을 동시에 띄우고 사용할 수 있는 생산성 도구로서의 가능성을 탐구하고 있다. 예를 들어, 외과의사가 수술 중에 여러 정보를 동시에 확인하거나, 항공기 정비사가 가상 교육을 통해 복잡한 작업을 시뮬레이션할 수 있는 등의 사용 사례를 제시한다. 또한, 디자이너들이 3D 객체와 상호작용을 하며 협업하는 등 다양한 분야에서 새로운 업무 환경을 제공한다.

애플의 혁신은
계속될 것인가?

혁신의 아이콘 애플이 직접 메타버스 세상을 열 헤드셋을 내놓자 메타버스에 대한 시장의 관심도 덩달아 높아졌다. 현실 공간에 CG가 덧씌워진 비전프로의 형태는 그간 등장한 VR 제품과는 확연히 달랐기 때문이다. 그런데 출시 초기의 관심은 생각보다 빠르게 식기 시작했고, 실제 비전프로의 초기 판매량은 저조한 수준이다.

비전프로는 지난 2월 미국에서 첫선을 보인 후, 7월 기준으로 일본과 싱가포르에 이어 호주, 캐나다, 프랑스, 독일, 영국에서 판매가 이루어지고 있다. 1분기 인도량은 10만 대 미만(9만 1,000여 대)으로 추정되며, 이는 메타 퀘스트의 절반에도 못 미치는 수준이다. 2024년 연간 판매량 역시 30만 대에 머물 것이라는 관측이 우세하다. 출시 첫해 2,000만 대 가까이 팔린 아이패드에 비하면 크게 부족한 수치다.

470만 원에 달하는 높은 가격에 비해 아직 쓸 만한 기능이 많지 않다는 평을 들으며 비전프로를 향한 열기가 빠르게 식어가는 분위기다. 애플이 제시한 공간 컴퓨팅 비전을 실현하며 대중화하기 위해선 적어도 2~3세대 제품 이후를 기다려야 한다는 평이 지배적이다.

높은 가격에도 소비자 시장에서 사용할 수 있는 전용 콘텐츠는 여전히 부족하며, 기업들과의 파트너십도 애를 먹고 있다. 생산성 도구로 성장하기 위해선 기업의 지원이 절대적으로 필요하지만, 대중화에 상당한 시일이 걸릴 것이라는 전망 탓에 기업들의 생태계 합류는 더딘 속도를 보이고 있다.

결국 애플은 비전프로 소매 판매가 신통치 않자 최근에는 B2B 시장으로 눈을 돌리는 모습이다. 하지만 여전히 비전프로를 사용하는 가장 탁월하고 완성도 높은 용도로는 영화와 같은 영상을 보는 것에 머물러 있다.

비전프로는 휴대성 측면에서도 약점이 보인다. 특히 출시 전부터 무게 문제는 심각하게 거론되었다. 선택하는 라이트 실이나 헤드밴드에 따라 다르지만, 헤드셋 부분만 해도 무게가 600~650g에 달한다. 경쟁 제품인 메타 퀘스트3의 공식 본체 무게가 약 515g인 것을 감안하면 상당히 무거운 편이다. 게다가 비전프로의 무게는 외장 배터리(약 353g)를 제외한 수치로, 사용상 불편함의 대부분은 무게를 얼굴과 머리로 지탱하는 것에서 발생한다. 무게 거의 전부가 제품 전면에 쏠려 있다고 봐도 무방하다. 실제 이 제품을 쓰고 움직이면 얼굴 쪽에 상당한 압박감이 느껴질 정도다.

그러나 이러한 단점을 비전프로의 한계, 공간 컴퓨팅의 허구로 이해해선 안 된다. 지난 2007년, 애플이 아이폰을 선보였을 때 노키아나 모토로라 같은 휴대전화 강자들은 코웃음을 쳤다. 최초의 아이폰

| Part 2 | 자본의 토지와 토양이 바뀐다

1세대는 4GB 모델이 949달러에 달했고 기존 피처폰의 2배 수준이었다. 하지만 그들은 애플이 만든 게 휴대 전화기가 아니라 손 안의 컴퓨터라는 것을 간과했다. 그 대가로 여러 회사가 역사 속에서 사라졌고, 이후 휴대전화는 애플이 만든 손 안의 컴퓨터로 완전히 대체되었다.

애플의 1세대 제품은 항상 논란을 이끌고 다녔다. 그러나 2세대부터는 항상 세상을 바꿔놓을 만큼 엄청난 파괴력을 뿜냈다. 아이패드가 처음 나왔을 때도 마찬가지였다. 화면만 키운 아이폰으로 무엇을 더 할 수 있겠냐는 조롱이 적지 않았고 애플워치 역시 스위스 시계 업계 관계자들에게 '영혼 없는 시계'라고 무시를 당했다. 초기 에어팟 또한 디자인을 두고 칫솔, 콩나물 등으로 불리며 조롱을 면치 못했다. 하지만 결과는 각 제품 모두 거대한 시장을 개척했고 그 시장에서 애플은 1등 자리를 굳건히 지키고 있다.

즉 비전프로의 시작은 공간 컴퓨팅 개념 확산의 시작으로 이해해야 한다. 아직은 시장이 만들어지는 시기인 만큼, 1세대 제품의 단순 판매량에 몰입해선 안 된다. 오히려 지켜볼 건 판매량이 아닌 나아가는 방향이다.

앞으로 공간 컴퓨팅 시장이 확대되면 물리적 공간과 디지털 공간의 경계가 흐려지고, 새로운 세상이 도래하게 될 것이다. 사물은 물리적 공간을 넘어 다양한 형태로 존재할 수 있고, 물리적 제약이 없어 상상한 것들이 그대로 구현될 수 있다. 교육, 경험, 의료 등의 분야에서 더 높은 접근성이 현실화하는 것이다. 원격 의료를 넘어 원격 수술 시대도 머지않았다는 이야기다.

그간 우리는 모바일과 PC 등을 통해 보이는 것에 한정해 간접 경험하는 정도에 머물렀지만, 공간 컴퓨팅은 우리가 정보를 취득하기 위해 직접 이동할 수 있도록 돕는다. 물리적으로 순간 이동하는 텔레포트라 볼 수 없지만 공간 컴퓨팅이 만들어 주는 그 공간 속으로 순식간에 들어가게 하는 변화는 개개인의 일상을 크게 바꿀 수 있다.

애플이 새롭게 정의한 컴퓨터가 다시 한번 시대의 흐름을 만든다면 그 파급력은 스마트폰 못지않을 것이다. 애플은 아예 존재하지 않던 것을, 인체의 오감 자체를 디지털에 넣는 시도를 꾀하고 있는 것이고 이는 매우 충격적인 삶의 변화로 이어질 수 있다.

상상의 나래를 펼쳐보면, 당장은 새로운 XR 하드웨어가 휴대 형태로 나와 항상 지니고 다니면서 활용하겠고 머지않아 부착형 제품이 등장할 공산이 크다고 생각한다. 스마트폰과 같이 작은 IoT 기기 하나로는 인체의 모든 것을 담을 수 없다. 오감의 디지털화는 인류의 꿈에 머물렀지만, 관련 기술의 발전으로 조금씩 현실화하는 모습이다. 즉 감각 기관 등 몸에 붙이는 방식을 통해 마지막으로 뇌와의 일체화를 거쳐 내 몸처럼 활용할 수 있는 단계로 진화할 가능성이 높다.

애플은 비전프로 다음으로 더 저렴해진 일반형 '비전'과 좀 더 저렴해진 '비전 SE' 등을 내놓으며 시장을 확장해 나갈 것이다. 대중화가 이루어지는 동안 수많은 개발사가 비전 앱스토어로 몰려갈 것이며, 이를 통해 애플은 다시 VR·AR 시장이 '애플 천하'가 되는 그림을 그리고 있을 것이다.

Chapter 3

K-디지털 트윈 시대가 오고 있다

시뮬레이션 기술 발전으로
재탄생한 디지털 트윈

오래전부터 서울 삼성동 코엑스는 길이 복잡하기로 유명해 길을 한번 잘못 들면 20~30분 헤매는 경우가 비일비재했다. 그 안의 호텔 이름도 어찌나 비슷한지 도착지를 착각해 다른 방향으로 가는 사람도 적지 않았다.

다만 요즘은 코엑스 내부 곳곳에 실내 맵핑 기반의 '디지털 안내도'가 설치되어 길 찾기가 좀 더 수월해졌다. 코엑스가 디지털 기술을 활용해 내부 곳곳을 스캐닝한 덕이다. 실내를 촬영해 결과물을 도출하고 디지털 공간으로 옮겨 정교한 실내 지도를 만든 것이다. 이를 가능하게 한 기업은 바로 네이버. 지난 2016년 네이버는 실내 매핑로봇 M1을 통해 코엑스의 3차원 디지털 트윈 데이터를 제작

실시간 동기화
현실과 가상 세계에 똑같은 데이터 반영

디지털 트윈

현실 세계

가상 세계

메타버스
아바타로 가상 세계를 경험
현실과 가상 세계가 똑같을 필요 없음

출처: 현대건설

했다.

디지털 트윈은 우리가 더 쉽고 현실감 있게 일상생활을 영위하도록 돕는 디지털 신기술로, 메타버스의 힘을 직관적으로 파악할 수 있는 기술이기도 하다. 헛물만 켜는 가상 세계보다 실존하는 공간을 고스란히 디지털 세계에 구현한다는 점에서 시사하는 바가 크다.

기본적으로 디지털 트윈은 현실 세계의 물리적 대상이나 시스템을 가상 환경에 고스란히 재현한 것을 말한다. 현실과 똑같은 쌍둥이 가상 도시를 3차원 모델로 구현한 뒤, 현실에서 일어날 수 있는 재난 및 재해 등 여러 상황을 시뮬레이션 기반으로 예측·분석한 후 빠르게 더 나은 의사결정을 지원한다. 최근 기후변화와 도시 고밀도로 인해 재난 및 안전사고에 대한 예측이나 대응이 더욱 어려워졌다. 디지털 트윈을 통한 대비책 마련이 중요해지는 이유다.

디지털 트윈은 재난 및 안전사고 대응에만 머무르지 않는다. 다양한 도시 문제 역시 시뮬레이션을 통해 해결의 실마리를 찾을 수 있다. 속초시는 최근 도시 전역을 3차원 모형으로 제작해 가상 세계를 만들었고 폭설 대응에 적용했다. 실시간으로 취합한 기상 정보를 통해 적설량을 예측하고, 제설 환경을 분석해 결빙 구간 등 제설 취약 지역에 대한 선제적인 대응 작업을 진행한 것이다. 결과는 성공적이었다. 전에는 일일이 제설 현장 상황에 대응해야 했으나, 이젠 조기에 인력 배치가 가능해졌다. 속초시는 제설뿐 아니라 산불과 수해 등에도 스마트 시스템 기술을 적극 활용 중이다.

한국수자원공사 역시 연일 잇따르고 있는 집중 강우에 대비해 디지털 데이터를 기반으로 한 즉각적인 재난 대응 체계 구축에 힘을 쏟고 있다. 특히 올해는 이상기후로 연초부터 5월까지 때 이른 강우가 내리며 집중 호우가 몰린 탓에 디지털 기술을 활용한 비상 대응 체계에 공을 들였다. 댐 수문을 개방했을 때 하류 하천에 미칠 영향을 미리 파악했고 하천별 교량 등 시설물과 하천 하단 지형, 인근 건물까지 미치는 영향까지 반영해 최대한 실제와 유사한 결괏값을 도출해 수해에 대응했다.

GS칼텍스는 2030년까지 디지털 트윈 기반 통합관제센터 구축을 목표로 실시간 공정 최적화 및 공정 셧다운·설비 제어 시뮬레이션에 공을 들이고 있다. 3D 모델링을 통해 설비의 모든 데이터를 쉽게 찾을 수 있는 시스템을 공정에 적용한 결과, 관련 부서에서 설비와 관련된 정비 이력, 도면 등의 데이터를 찾는 시간이 기존 대비 30% 가량 감소했다. 현장 구조물 설치와 같은 공간 확인이 필요한 작업을 할 때도 직접 현장에 가지 않고 3D 모델로 확인함으로써 기존 대비 70% 이상 업무 소요 시간이 줄어들었다.

디지털 트윈은 오래전부터 제조업에서 사이버 물리 시스템(CPS, Cyber Physical System)이라는 개념으로 사용되어 왔다. 단, 주로 공장을 운영하는 제조업에서 활용되었고 이후 정밀한 가상공간을 제공하는 소프트웨어 등장으로 디지털 트윈이라는 이름으로 개념이 확대되었다. CPS와 같은 기존의 시뮬레이션은 제품 수명 주기를 비롯한 설계 단계에서 향후 제품의 동작을 예측하는 데 그쳤다. 그러나 디지털 트윈은 이미 사용하는 제품이나 시스템의 현재 동작에 대한 인사이트를 비즈니스 곳곳에 걸쳐 제공해 이전보다 진화된 개념으로 볼 수 있다.

지금의 디지털 트윈 개념은 2017년 IT 분석 업체 가트너가 3년 연속 10대 유망 기술로 선정하면서 주목을 받게 되었다. 특히 매켄지는 디지털 트윈을 도입할 때 새로운 AI 기반 신기능을 배포하는 데

| Part 2 | 자본의 토지와 토양이 바뀐다

필요한 시간을 최대 60%까지 줄이고 자본 지출 및 운영 비용을 최대 15%까지일 수 있다고 분석했다.

실제 오늘날의 디지털 트윈은 AI를 적용해 이전보다 능동적인 정보 수집과 다양한 시뮬레이션 환경을 만들었고 그 결과 과거보다 정교한 결괏값을 확보할 수 있게 되었다. 무엇보다 주로 산업 현장에서 활용되던 디지털 트윈은 이제 산업 전방위에서 대중화를 앞두고 있다. 생성형 AI를 만나 더욱 파급력이 커지고 있으며, 이제는 국내 인터넷 기업들의 새로운 수출 동력으로 자리매김하는 중이다.

디지털 트윈 기술을
받아들이는 산업들

현실 세계를 고스란히 디지털 세상에 쌍둥이처럼 구축한다는 것은 여러모로 참 매력적이다. 활용성 또한 무궁무진하다. 먼저 떠오르는 것은 역시 제조업 분야다. 인간 없이 공장을 꾸리는 스마트 팩토리(smart factory) 분야에서 가장 많은 활용 사례가 쌓이고 있고 화학·제약 등 고정 설비가 필수적이고 모듈러 방식 생산이 어렵다고 생각했던 산업에서도 고가 제품을 중심으로 도입이 이루어지고 있다.

예를 들어 생산 라인의 모니터링, 장비 성능의 평가, 폐기율의 정량화, 에너지 사용의 최적화, 품질 관리 문제의 해결에도 디지털 트윈 기술이 쓰인다. 기업에서는 신제품 생산 전 제품 디자인부터 실제 생산 계획 수립 및 유지보수까지 전 단계에 들어가는 모든 데이터를 유기적으로 연결해야 한다. 디지털 트윈 공간을 구현하면 현실의 물리적 세계와 가상의 디지털 세계 데이터 중심으로 다양한 시뮬레이션이 가능하다.

예컨대 가상의 가전제품 A사를 살펴보자. A사는 신제품 출시를 앞두고 있고, 제품 생산을 위해 제품 디자인부터 생산을 위한 제조 공정도 만들었다. 이러한 복잡한 과정을 통해서 제품이 완성되었다. 그러나 출고 전 품질 검수를 해보니 치명적인 결함이 발견되어 시장에 바로 출시할 수 없다는 것을 알게 되었다. 실제로 이런 상황이 발생한다면 제품의 문제 확인 및 해결을 위해 막대한 시간과 비용이 든다.

또 다른 문제를 막기 위해 A사는 신제품을 디지털 트윈 기반으로 설계하는 것으로 시작했다. 덕분에 제품 설계 프로세스를 시뮬레이션해 설계 과정의 문제를 미리 확인할 수 있게 되었다. 제조 공정 역시 디지털 트윈 기술로 설계를 할 수 있는데, 가상 환경에서 설계된 공정을 다각도로 시뮬레이션해 제품에 생길 문제점이나 제조 공정상 나올 수 있는 오류를 미리 예측할 수 있었다. 이때 예측된 문제점을 보완해 현실 제조에 적용하게 되면 더 정밀하고 개선된 생산 계획 수립이 가능해진다. 또한 이를 통해 운영 프로세스에서의 효율성 극대화 및 비용 절감도 가능하다.

전 세계 주요 완성차 제조사인 BMW 역시 대표적인 디지털 트윈 활용 기업이다. BMW는 완성차 공장 개장 전부터 디지털 트윈을 통해 가상 공장을 제작해 실제로 생산하는 것처럼 미리 시뮬레이션해 생산 테스트를 수행한다. 실제 차량을 생산하기 전에 전체 제조 공정을 미리 파악하는 것이다. 더불어 국내 운영법인인 BMW코리아는 자동차 판매 및 유통 과정의 디지털 솔루션을 제공하는 국내 기업 '에피카'의 SaaS형 IWS(Intelligent Workshop System, 지능형 통합 관리 서비스)를 도입해 AS 센터를 디지털로 전면 전환했다.

소프트웨어 시장에서도 디지털 트윈의 필요성이 증대하는 추세다. 마이크로소프트와 아마존, 구글 등 글로벌 빅테크 기업들 또한 관련 서비스를 속속 선보이며 기업 고객 모시기가 한창이다. 대표적인 기업이 바로 네이버. 네이버는 디지털 트윈 기술을 앞세워 건설업계를 넘어 국내 디지털 기업으로는 유일하게 '제2의 중동 붐'을 주도하고 있다.

네이버는 지난 2023년 10월, 사우디아라비아 자치 행정부로부터 국가 차원의 디지털 트윈 플랫폼 구축 사업을 수주했다. 수도인 리야드 등 주요 5대 도시를 대상으로 사업을 진행하는데, 사업 규모는 1억 달러(한화 약 1,350억 원)에 달한다. 네이버는 향후 5년간 5개 도시

주요 내용	사우디 5대 도시 디지털 트윈 플랫폼 구축
규모	1억 달러(약 1,350억 원)
대상 도시	리야드, 메디나, 제다, 담맘, 메카
활용처	도시계획, 홍수 예측, 교통 관리 등
기대 효과	국내 기업 IT 인프라 구축에 따른 관련 스타트업 동반 진출

출처: 네이버

에 클라우드 기반의 3D 디지털 트윈 플랫폼을 구축하고 운영할 예정이다.

네이버의 디지털 트윈 플랫폼은 스타트업이나 전문 기관 등도 활용하도록 클라우드를 기반으로 구축된 오픈 플랫폼 형태를 보인다. 대규모 도시 단위의 핵심 데이터를 빠르고 효율적으로 제작하기 위한 솔루션을 보유 중이며, 항공 사진과 사진 측량 기술을 활용해 도시 전체의 3D 모델을 제작해 왔다.

이를 토대로 네이버는 사우디 내 주요 도시를 디지털 트윈 플랫폼에 올려 다양한 도시 계획 시나리오를 짜고 있다. 가상 건축물 일조량과 바람길을 예상하고, 집중 호우에 침수 지역을 예측해 상하수도를 배치하는 데도 네이버의 기술이 쓰일 예정이다. 또한 도시 내 스마트 빌딩, 스마트 시티, 서비스 로봇, 자율주행, AR·VR 적용도 가

| 네이버의 디지털 트윈 기술 소개 |

출처: 네이버

능하다. 아울러 딥러닝, 컴퓨터 비전 등의 AI 기술로 노면 기호와 차선 정보까지 자동으로 추출하는데, 이는 차선 단위의 길 안내가 가능할 정도로 정교한 데이터를 지니고 있다. 네이버의 기술은 도시 전체 교통 시스템 연구에 활용될 전망이다.

전 세계 스마트 시티 시장은 오는 2027년 1조 244억 달러(약 1,368조 원)까지 커질 것으로 예상된다. 네이버는 사우디 이외 다른 중동 국가는 물론이고 전 세계를 대상으로 디지털 트윈 사업을 펼치겠다는 전략이다. 여러 파트너와의 협력으로 관련 생태계는 고도화될 전망이다. 이미 네이버는 사우디 디지털 트윈 프로젝트를 한국국토정보공사, 한국수자원공사 등과 함께 진행하고 있고 중장기적으로는 국내 건설업체, IT 스타트업 등과 연계를 꾀하겠다는 복안이다.

아직 한국의 디지털 트윈 발전 속도는 선진국을 앞선다고 볼수 없다. 하지만 발전 속도는 매우 빠르며 대기업뿐 아니라 공공 SOC(사회 간접 자본) 등에서도 활용 사례가 잇따르고 있다. 자본 집약도가 높고 기술 수용성 및 비용 절감 수요가 높은 산업 중심으로 디지털 트윈 적용 사례는 더욱 늘어날 것이며, 앞으로 더 많은 산업과 정책 등을 통해 서비스 향상 사례를 확인할 수 있을 것이다.

한국에도 스마트 시티가 있을까?

스마트 시티는 첨단 정보통신기술을 활용해 도시의 다양한 문제를 해결하고, 지속 가능한 발전과 삶의 질 향상을 목표로 하는 미래형 도시다. 대표적으로 세종특별자치시 내 행정중심복합도시 북동쪽에 여의도 규모로 주거·행정·연구·산업 등 다양한 기능이 융복합된 스마트 자족 도시를 조성 중이다. 국가 차원에서 추진하는 스마트 시티로 자율주행, 스마트 교통, 스마트 헬스케어, 친환경 에너지 관리 등 다양한 스마트 기술이 도입되고 있다. 핵심 기술의 주요 테스트 베드로 다양한 시범 사업이 전개되는 것이다. 특히 정부는 세종시에서 자율주행

셔틀, 공유차, PM(개인형 이동 장치) 등의 다양한 모빌리티 서비스를 집중적으로 도입할 예정이다.

인천 송도 역시 대표적인 스마트 시티 중 하나다. 원격 제어를 중심으로 한 스마트 빌딩과 스마트 교육, 스마트 의료 시스템 등 다양한 스마트 서비스를 지자체 중심으로 제공하고 있다. 또한 스마트 교통관제 시스템을 통해 교통 혼잡을 줄여 효율적인 도시 운영이 가능하다.

이 밖에도 정부는 지난 2018년부터 스마트 시티 확산을 위한 지역 공모를 통해 교통, 환경 등의 도시문제 해결을 위한 스마트 기술과 서비스를 발굴해 실증 사업을 추진 중이다. 현재 전국 147개 도시에 약 400종의 스마트 솔루션이 보급된 상태다. 대표적으로 지자체 CCTV 통합 관제 기능과 112·119 등 공공안전 분야를 스마트 시티 통합 플랫폼으로 연계하는 안전망 구축에 속도를 내고 있다.

Chapter 4

플랫폼 전쟁

빅테크의 넥스트,
구독 시대

기술 발전과 인터넷의 보편화로 인해 다양한 산업 분야에서 디지털 시대의 플랫폼 전쟁이 치열하게 벌어지고 있다. 주요 기업들은 데이터 활용, 혁신, 글로벌 확장 등을 통해 경쟁력을 강화하고 있으며, 그 결과 소비자에게 더 나은 서비스와 혜택을 제공하는 긍정적인 효과를 가져왔다. 그러나 독점 우려, 데이터 프라이버시 문제, 사회적 영향 등은 함께 고려해야 할 중요한 과제로 남았다.

앞으로도 플랫폼 전쟁은 더욱 치열해질 것으로 예상되며 디지털 경제의 발전과 혁신을 지속적으로 촉진할 가능성이 크다. 이제는 전통적인 오프라인 비즈니스 모델에서 벗어나 많은 기업이 온라인 플랫폼을 통해 서비스를 제공하고 있다. 그 결과, 많은 기업이 디지털 시장에서 지배적인 위치를 차지하기 위한 플랫폼 비즈니스 경쟁을 과거와는 다른 모습으로 벌이고 있다.

온라인 시장에서 사용하는 '빅테크'는 기존에는 IT 기술 기업 중 덩치가 큰 대형 기업을 지칭하는 말로 쓰였으나, 이제는 디지털 기술 플랫폼 비즈니스의 최종 승자를 뜻하는 말로 확장되었다. 빅테크 기업은 온라인 플랫폼 서비스를 바탕으로 가입자를 확보하고 다방면의 IT 기술을 활용해 빅데이터를 수집 및 분석하는 방식으로 맞춤형 서비스를 제공하고 있다. 이제 빅테크 기업들은 SNS, 전자상거래, 네트워크, 검색 엔진, 하드웨어 제조, 금융 등 다양한 영역으로 사업을 확장하고 있다.

일반적으로 한국의 네이버와 카카오, 쿠팡 그리고 미국의 마이크로소프트와 애플, 구글, 아마존, 메타 등이 빅테크에 해당한다. 이들은 압도적인 시장 점유율을 갖추고 이를 기반으로 그 아래 생태계를 구축했다. 이용자가 쉽게 서비스에서 벗어날 수 없도록 만든 것이다. 빅테크가 소수의 기업으로 좁혀진 현재에는 구독 서비스라는 장치를 통해 더욱 공고해지고 있다.

실질적인 빅테크 구독 시대를 연 첫 플레이어는 바로 구글 유튜브다. 유튜브는 지난 2005년 설립 이후 급속도로 성장하며, 오늘날 전 세계에서 가장 영향력 있는 영상 플랫폼 중 하나가 되었다. 끊임

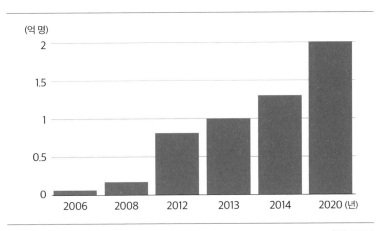

(억 명)

출처: 유튜브

없는 혁신과 사용자 중심의 접근 방식을 통해 다양한 콘텐츠를 제공하며, 전 세계 수십억 명의 사용자에게 가장 중요한 온라인 플랫폼으로 자리매김했다. 구글은 2006년 유튜브를 인수한 이후 엄청난 자금이 유입되며 숱한 저작권 문제 등을 이겨내고 전 세계 모든 데이터를 빨아들이는 콘텐츠 공룡으로 성장했다.

어느덧 20년 가까이 이어온 유튜브는 오랜 시간을 걸쳐 형성된 나름의 경제 구조를 지니고 있다. 특히 유튜브의 전 세계 월간 활성 사용자가 약 30억 명까지 불어나자, 기업 광고 시장의 경쟁은 유튜브로 옮겨갔다. 영화와 드라마 등 영상 콘텐츠를 넘어 자동차, 가전 제품 등 소비재 시장 역시 유튜브의 위력을 체감하고 있다.

나아가 전 세계가 열광하는 K-팝 역시 유튜브 없이 확장을 논할 수 없는 시대다. 유튜브는 K-팝 아티스트들이 언어의 장벽을 넘어 전 세계 팬들에게 자신들의 음악과 퍼포먼스를 소개할 기회를 제공했다. 또한 유튜브는 전 세계 수백만 명의 콘텐츠 제작자에게 경제적 기회를 제공하며 새로운 직업과 시장을 끊임없이 창출하고 있다. 유튜브는 전통적인 미디어 산업에도 큰 영향을 미치고 있으며 개인의 브랜드 구축과 마케팅 전략에도 중요한 플랫폼으로 자리 잡았다.

유튜브 경제의 핵심 원동력은 전 세계 주요 이용자의 데이터에서 나온다. 유튜브는 구글의 데이터를 활용해 매우 정밀한 타기팅 옵션을 제공한다. 사용자의 관심사, 검색 기록, 시청 패턴 등을 기반으로 맞춤형 광고를 제공할 수 있고, 기업은 이를 통해 특정 인구통계학적 그룹이나 관심사를 가진 사용자에게 효과적으로 광고를 도달하게끔 했다. 무엇보다 유튜브 광고는 클릭률, 실제 구매 전환율, 도달 범위 등의 자세한 정보를 구글의 인프라를 통해 면밀하게 파악할 수 있어 기업의 광고 효과를 극대화해 준다.

구글의 기술력과 영향력을 바탕으로 한 유튜브의 구독 전략은 글로벌 사용자 기반의 사세 확장을 가능하게 했다. 유튜브는 더 많은 국가와 지역에서 사용자와의 접점을 마련했고, 다양한 언어와 문화를 지원하는 글로벌 플랫폼으로 성장하면서 다국적 서비스 역량을 강화했다. AI 시대 속 구글의 유튜브는 여전히 가장 중요한 데이터 보급 기지이자 테스트 베드기도 하다. 다양한 AI 서비스를 실제 유튜브에 적용해 구글 전체 서비스의 AI 적용 가늠자 역할을 맡고 있기 때문이다. 앞으로도 유튜브는 구독이라는 장치를 통해 방대한 데이터와 글로벌 사용자 기반을 유지하고, 구글 전반의 AI 기술을 발전시키면서 동시에 다양한 서비스와 비즈니스 모델에 기술을 적용할 것이다.

국내 빅테크 기업에도 구독은 매우 중요한 플랫폼 비즈니스 전략이다. 특히 국내 플랫폼 기업들은 영상 시장을 꽉 잡은 구글 유튜브, 인스타그램-페이스북으로 SNS 시장을 지배하고 있는 메타와 경쟁하기 위해 커머스(commerce), 즉 쇼핑을 틈새시장으로 택했다. 아마존의 사례를 벤치마킹한 것이다.

국내 인터넷 플랫폼 비즈니스의 선례로 남은 아마존은 지난 2004년 유료 구독 서비스 '아마존 프라임'을 출시하며 미국 유통 시장을 장악했다. 연 120달러에 무료 배송과 무제한 음악, 영화 감상 등의 콘텐츠 서비스를 결합해 1억 5,000만 명의 이용자를 모았고 확보한 데이터를 바탕으로 클라우드 시장에 진출했다. 이제는 구글, 애플과 대등한 경쟁을 이어가는 대표 빅테크로 성장했다. 쇼핑을 시작으로 충성 고객을 모은 다음 다양한 콘텐츠 비즈니스로 엮어 단단한 플랫폼으로 자리매김한 것이다.

국내 1위 인터넷 포털 네이버 역시 2020년 6월, 자체 멤버십 서비스를 내놓으며 아마존의 길을 따랐다. '네이버 플러스 멤버십'은 검색과 쇼핑, 웹툰, 클라우드, 음악 등 다양한 서비스를 하나의 멤버십으로 통합해 여러 서비스에서 혜택을 제공함으로써 이용자가 네이버 플랫폼에 더 오래 머물도록 유도했다. 특히 멤버십 서비스를 통해 네이버는 이용자 데이터를 더 많이 수집하고 이를 분석해 맞춤형 서비스를 제공할 수 있게 되었다. 이는 개인화된 추천 시스템을 개선하고, 사용자 경험을 향상하는 데 중요한 역할을 한다.

또한 네이버 생태계 내의 다양한 서비스가 유기적으로 연결됨으로써 전체 생태계의 가치를 높이는 효과를 가져다주었다. 맞춤형 서비스는 이용자들이 네이버 플랫폼에 더 많은 시간을 투자하게 만들고 네이버 서비스의 종합적인 이용률을 높였다.

이뿐만이 아니다. 네이버는 파트너사를 멤버십으로 불러 모았다. 영화와 도서, 음악, 생활 서비스, 쇼핑 등 다양한 분야에서 제휴처를 늘렸다. 외부 파트너사를 네이버 생태계에 합류시켜 덩치를 키우는 방법을 택한 것이다. 이를 통해 이용자는 큰 가치를 제공받고 네이버 생태계 내에서의 활동을 더욱 촉진하게 되었다. 외부 파트너사는 거대한 플랫폼 전쟁 속 마케팅비를 효율화해 이전보다 효과적인 방식으로 서비스 이용률을 높이고 있다. 개별적으로 경쟁하는 것보다 네이버라는 거대한 그늘에서의 경쟁이 더 유리하기 때문이다.

이커머스 서비스 쿠팡 역시 네이버와 어깨를 견주는 빅테크로 도약하기까지 구독 서비스가 큰 힘을 발휘했다. 소셜 커머스로 출발해 빠른 배송을 앞세워 국내 대표 이커머스 기업으로 성장한 쿠팡은 지난 2018년 10월, 무료 배송과 무료 반품이 가능한 '와우 멤버십'을 내놓았다. 그간 국내에선 이커머스 시장 내 구독 서비스가 큰 주목을 받지 못했지만, 쿠팡은 반품까지 무료로 진행하는 과감한 결정 덕에 구독 시장의 판을 흔들었다. 와우 멤버십은 도입 이후, 2년 만에 회원 수를 600만 명까지 키웠고 현재 전체 회원 수가 무려 1,500만 명에 육박해 4명 중 1명이 이용하는 국민 멤버십으로 성장했다.

| 쿠팡 유료 멤버십 회원 수 변화 |

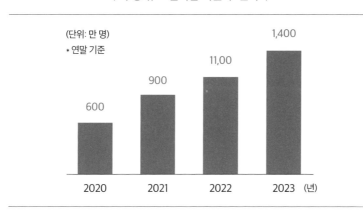

출처: 쿠팡

쿠팡의 와우 멤버십은 어느덧 생활필수품으로 거듭났다. 특히 쿠팡은 다양한 혜택과 편리한 서비스를 통해 고객들이 반복적으로 구매하도록 유도했다. 멤버십 서비스는 꾸준한 매출 증가로 이어지며 쿠팡의 안정적인 수익 구조를 구축하는 데 기여하고 있다.

쿠팡은 출시 초기 이커머스에 국한된 형태로 출발했다. 즉 쿠팡을 인터넷 플랫폼, 빅테크로 여기는 이들은 불과 몇 년 전까지만 해도 많지 않았다. 이러한 쿠팡이 거대한 빅테크로 도약하는 데 있어 구독은 결정적인 역할을 했다.

쿠팡은 구독 서비스 초기 회원비 월 2,900원에 무료 배송 및 무료 반품뿐 아니라 로켓배송(익일배송)을 누리는 파격적인 혜택을 제공했다. 와우 멤버십 론칭 당시 타 이커머스 서비스의 건당 배송비는 약 3,000원에 달했기에 소비자들은 쿠팡에서 상품을 하나만 구입해도 멤버십 이용료를 충당할 수 있었다.

그런데 이제는 국내 대표 동영상 플랫폼으로 성장한 '쿠팡 플레이'뿐 아니라 배달앱 '쿠팡 이츠' 할인 혜택까지 적용하며, 쿠팡 이용층을 배달과 미디어 시장까지 확장했다. 특히 쿠팡은 와우 멤버십 가입자들에게 이 모든 서비스를 무료로 제공해 쿠팡 생태계를 확장했다. 쿠팡 플레이는 자체 제작 오리지널 콘텐츠를 꾸준히 내놓았고, 특히 드라마와 예능 콘텐츠를 통해 차별화에 성공했다. 즉 쿠팡이 지난 몇 년간 놀라운 성장을 이루며 한국의 대표 빅테크 기업으로 자리매김한 성장 배경에는 쿠팡의 구독 전략이 있었다고 볼 수 있다.

결론적으로, 오늘날 인터넷 플랫폼 생태계에 있어 구독 서비스는 가장 중요한 핵심 자원이다. 전통적인 비즈니스 모델에서는 제품과 서비스를 한 번 판매한 후 추가 수익을 기대하기란 어렵다. 반면 구독 모델은 정기적인 수익을 보장해 기업의 장기적인 수익 예측이 쉽다. 예측 가능한 현금 흐름을 제공해 기업의 재정 건전성을 높일 수 있다.

또한 플랫폼은 구독 모델을 통해 고객의 사용 패턴, 선호도 등을 지속적으로 모니터링할 수 있다. 누적된 데이터는 고객 맞춤형 서비스 제공과 새로운 제품 개발에 중요한 인사이트를 제공한다. 구독 모델은 고객과의 지속적인 관계를 유지하는 데 효과적이며 소비자가 지속적으로 서비스를 이용함에 따라 기업은 고객의 요구와 피드백을 이전보다 쉽게 반영할 수 있다. 플랫폼의 충성도를 높이는 데 중요한 역할을 하는 동시에 이용자의 이탈을 차단하는 핵심적인 역할을 하는 구독 서비스는 플랫폼의 시장 독점을 가능하게 하는 가장 중요한 요소다. 앞으로 소비자가 구독하지 않는 개별 서비스는 사라질 가능성이 높다.

이뿐만 아니라 다가오는 AI 시대에도 구독 서비스는 실제 이용자들의 AI 접근 허들을 크게 낮출 것이다. 개별 서비스가 아닌 구독의

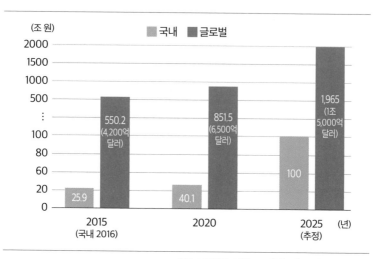

| 구독 경제 시장 규모 |

(조 원)　　　　■ 국내　■ 글로벌

2015
(국내 2016)　　　2020　　　2025 (년)
(추정)

25.9　　　40.1　　　100

550.2
(4,200억
달러)

851.5
(6,500억
달러)

1,965
(1조
5,000억
달러)

출처: 크레디트 스위스, 스태티스타, KT경제경영연구소

형태를 통해 소비자 부담을 낮추면 대형 IT 기업들 역시 데이터 확보의 예측성을 높이고 비용 구조를 계획적으로 짤 수 있다. 더불어 구독 모델은 코로나19와 같은 경제적 불확실성 시기나 시장 변동성에 대한 위험을 분산시킬 수 있다. 여러 고객에게 정기적인 수익을 확보함으로써 플랫폼은 외부 환경 변화에 대한 대응력을 높일 수 있기 때문이다. 이제 구독 없는 플랫폼, 특히 충성 고객을 다수 확보하지 못한 기업은 살아남을 수 없는 시대가 올 것이다.

　　　　　　　　| Part 2 | 자본의 토지와 토양이 바뀐다

MAU 경쟁보다 중요한
충성 고객 잡기

코로나19를 전후로 전 세계인 삶 속에 모바일은 가장 중요한 생활 도구가 되었다. 다양한 생활 밀착 서비스가 자리매김하고 있고 그 결과 우리의 삶을 이전보다 혁신적으로 바꿔놓았다. 기업들 역시 모바일 서비스를 통해 치열한 생존 경쟁을 이어왔다.

무엇보다 국내 기업들의 월간 활성 사용자(MAU) 경쟁은 코로나19를 맞이한 디지털 시장에서 떠오르는 키워드였다. 모바일이 인터넷 비즈니스의 주무대가 되면서 높은 MAU를 갖춘 곳은 상당한 가치로 인정받아 투자를 받는 경우가 잦았고, 이는 모바일 기반 산업 전 영역에서 이루어졌다. 서비스의 실질적 수익 창출 여부보다 많은 이용자가 몰려 있으면 그 자체로 높은 평가를 받을 수 있었다. 이 때문에 1,000만 명에 달하는 MAU를 갖추면 조 단위의 기업 가치로 투자를 받는 사례가 속출했다.

플랫폼 비즈니스뿐 아니라 배달 서비스, 영화와 음악, 영상 콘텐츠 플랫폼, 심지어 금융 서비스에서도 경쟁과 투자는 활발하게 이루어졌다. 높은 MAU는 그 자체로 해당 서비스의 시장 지배력, 성공의 척도로 불렸기에 기업들의 MAU 경쟁전은 치열했다. 일종의 접속 유도를 위한 어뷰징 마케팅과 앱 알람도 상당했다. 높은 MAU는 더 많은 광고 노출 기회이자 더 높은 광고 수익을 의미했기 때문이다.

MAU 경쟁이 가장 뜨거웠던 곳 중 하나가 바로 이커머스다. 쿠팡의 미국 증시 입성을 계기로 커머스 시장에는 물밀듯이 자금이 밀려 들어왔다. 강남 엄마들의 장바구니라 불리는 '컬리'부터, 잠실의 중년 주부가 즐겨 쓴다는 '오아시스', 카톡으로 손쉽게 친구 생일을 챙길 수 있는 '카카오 선물하기'까지, 커머스 시장의 경쟁전은 쿠팡과 네이버 쇼핑을 넘어 날로 진화를 거듭했다.

이커머스에서 많은 이용자를 갖춘다는 것은 그 자체로 성공을 의미한다. 2021년 신세계 그룹이 무려 3조 원이 넘는 거액을 투입해 '이베이코리아'를 인수한 이유다. 신세계 그룹이 보유한 이마트 서비스의 MAU가 높지 않았기에, 많은 MAU를 갖춘 이베이코리아의 옥션-지마켓으로 이커머스 시장의 판도를 뒤흔들겠다는 전략이었다. 두 서비스의 MAU를 더하면 회원 수는 무려 1,000만 명에 육박했다.

하지만 코로나19 유동성이 걷히면서 MAU 경쟁은 차츰 식어갔다. 많은 이용자를 보유한 것과 별개로 실제 서비스 이익 창출 여부가 중요해지기 시작한 것이다. 실제 국내 인터넷 스타트업 시장의 투자금은 지난 2023년 기준 1년 전과 비교해 무려 84.3% 줄었다. 고금리·고물가·고환율의 '3고(高)'가 업계를 무겁게 짓눌렀고, 일각에선 유니콘의 시대가 끝났다는 진단을 내리기도 했다.

즉, MAU보다 실질적으로 고객 한 명이 결제하는 거래액과 플랫폼 자체의 매출과 영업이익이 중요해졌다. 그러나 출혈 경쟁을 이어오던 국내 이커머스 시장에서 흑자 경영은 쉬운 일이 아니었다.

티몬-위메프 사태는 이커머스 시장 내 과도한 MAU 경쟁의 끝을 보여주는 사례다. 2024년 7월 티몬과 위메프는 판매사와 일반 소비자 양쪽 모두에 정산금과 환불금을 주지 못했고 결국 기업회생을 신청했다. 수천억 원에 달하는 대금을 정산하지 못하며 막대한 피해자가 발생했다. 티몬-위메프의 모회사인 '큐텐'은 2022년 9월 티몬 인수를 시작으로 인터파크커머스(2023년 3월), 위메프(2023년 4월), 미국 위시(2024년 2월), AK몰(2024년 3월) 등을 연달아 인수하며 그룹 내 MAU를 1,000만 명 이상으로 끌어올린 곳이다.

그룹 전반에 깔린 유동성의 위기는 판매자의 불안을 가속화했고 실제 돈을 받지 못한 이들이 늘어나면서 일종의 뱅크런이 발생하고 말았다. 당장 돈을 주지 않으면 티몬-위메프에서 철수하겠다는 입점사가 늘어났고, 이는 고객 불안으로 이어져 악순환의 고리를 만들었다. 고금리 국면이 이어지고 있는 상황에서 나스닥 상장을 위해 무리하게 덩치를 키웠다는 비판이 잇따랐고, 결국 정부의 자금이 투입되는 촌극이 발생했다.

실제 티몬과 위메프 등 큐텐 관계사들은 거래량을 늘리기 위해 과도하게 저렴한 금액으로 상품을 파는 할인 마케팅에 치중했고, 이

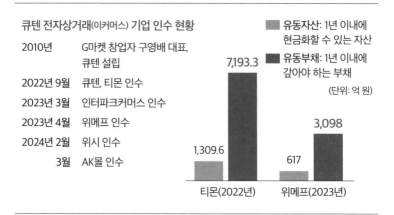

| 티몬-위메프의 유동자산·유동부채 규모 |

큐텐 전자상거래(이커머스) 기업 인수 현황

2010년	G마켓 창업자 구영배 대표, 큐텐 설립
2022년 9월	큐텐, 티몬 인수
2023년 3월	인터파크커머스 인수
2023년 4월	위메프 인수
2024년 2월	위시 인수
3월	AK몰 인수

■ 유동자산: 1년 이내에 현금화할 수 있는 자산
■ 유동부채: 1년 이내에 갚아야 하는 부채

(단위: 억 원)

티몬(2022년): 1,309.6 / 7,193.3
위메프(2023년): 617 / 3,098

출처: 티몬-위메프 등 업계 종합, 〈연합뉴스〉

과정에서 무분별한 상품권 발행으로 영세업자들의 도산을 야기했다. 특히 티몬-위메프의 결손금이 조 단위로 치솟고 있는 와중에도 큐텐은 별도의 유상증자 및 자본 잠식 해결책을 내놓지 않았다. 실상 판매자들에게 주어질 대금 대부분은 MAU 경쟁에 쓰이며, 결국 이커머스 MAU 경쟁에서 최악의 선례를 남겼다.

티몬-위메프 사태 이후 국내 이커머스, 나아가 모바일 서비스 시장의 흐름이 바뀌었다. 충성 고객 확보가 더 중요해진 것이다. 마케팅으로 쌓아 올린 허수의 이용자보다 실제 고객이 지갑을 여는 실질적인 수익 창출이 더 중요해졌다. 이로 인해 소비자의 니즈를 데이터화하고 구매 의도를 정밀하게 측정해 외연을 확장하는 라이프 소비 플랫폼이 주목을 받게 되었다.

라이프 소비 플랫폼의 대표적인 성공 사례는 바로 무신사다. 무신사는 동대문 의류 쇼핑 시장의 전문가로 통하던 조만호가 2003년 설립한 패션 포털로 2011년부터 적극적으로 외부 파트너사를 끌어모았다. 당시 100여 개가 넘는 브랜드가 입점했고 젊은 남성 고객을 중심으로 팬덤을 키웠다. 주로 트렌디하거나 너드틱한 고등학생, 20대 젊은 남성을 타깃으로 비교적 저렴한 옷, 신발, 가방, 액세서리, 화장품 등을 취급하다 이후에는 고급 브랜드까지 론칭하며 사세 확장에 성공했다.

무신사의 성장 비결은 일반 쇼핑몰처럼 상품만 내세우는 방식이 아니라, 이용자끼리 정보를 공유하며 놀 수 있는 커뮤니티를 구축했다는 데 있다. 커뮤니티 내 정보는 더 많은 이용자를 불러왔고 이용자는 정보를 읽기 위해 무신사에 더 오래 머물렀다. 그리고 자연스럽게 고객은 상품을 구매했다. 무신사는 그들만의 장점으로 패션에 관심이 많은 2030 남성의 팬덤뿐 아니라, 이를 추종하는 4050 세대와 여성층까지 신규 소비자로 확보하고 있다.

특히 무신사는 고객에게 더 적극적으로 다가가기 위해 단순한 SNS, 스타 마케팅을 넘어 일반인뿐만 아니라 내부 직원을 적극 활용했다. 이들을 '임플로이언서(employencer)'라고 하는데 직원(employee)

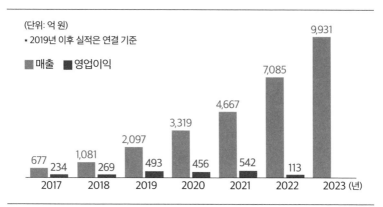

| 무신사 실적 추이 |

(단위: 억 원)
• 2019년 이후 실적은 연결 기준

■ 매출 ■ 영업이익

연도	매출	영업이익
2017	677	234
2018	1,081	269
2019	2,097	493
2020	3,319	456
2021	4,667	542
2022	7,085	113
2023	9,931	

출처: 금융감독원 전자공시시스템(CART), 〈아시아경제〉

과 인플루언서(influencer)의 합성어다. 직원이 곧 영향력을 가진다는 뜻으로 직원들이 직접 패션 브랜딩을 이해하고 이를 콘텐츠화하는 방식이다. 덕분에 소비자 입장에선 같은 직장인이라는 생각에 유명인의 광고보다 심리적 거리감이 훨씬 줄어들게 되고 자연스럽게 친근감이 형성되며 구매에도 영향을 미친다.

여기에 무신사는 경쟁사들이 따라오지 못하는 상생 생태계를 구축해 패션 시장의 선순환 구조를 만들어냈다. 재능 있는 신진 디자이너와 패션 브랜드가 꾸준히 유입되어 내부 경쟁을 촉진하고 단순 플랫폼 역할을 넘어 무신사만의 깊이 있는 브랜딩이 줄을 이었다.

| Part 2 | 자본의 토지와 토양이 바뀐다

무엇보다 무신사는 자체 앱으로 MAU를 끌어올린 후, 여타의 패션 앱을 인수해 방대한 이용자를 모았다. 그 이후에는 기업 가치를 키우기 위해 MAU를 더 늘리는 것보다 팬덤을 더욱 굳건히 하는 방식을 택했다. 빠르게 흑자 경영을 도모한 데 이어 오프라인 시장에 대거 매장을 확보해 충성 고객과 비슷한 연령대의 외국인 관광객까지 사로잡았다. 무신사의 지난해 연결 기준 매출은 9,931억 원으로 전년 대비 40.2% 성장했다.

앞서 확인한 이커머스 플랫폼의 흥망성쇠를 통해 이제 플랫폼 비즈니스 내 무분별한 MAU 경쟁은 끝났다는 것을 알 수 있다. 사람들은 무신사에서 스마트폰을 사고, 29CM에서 강아지 용품을 산다. 또한 식음료만 사던 컬리에서 화장품을 구경하는 등 이제 이커머스의 판매 제품은 타깃 소비자에 따라 다양해지고 있다.

스마트한 소비자들은 언제든 자신들에게 이익을 제공하는 플랫폼으로 이동한다. 네이버와 쿠팡 등 빅테크의 구독 서비스로 인해 과거 대비 이용자를 늘리는 것 역시 쉽지 않은 요즘, 이커머스 기업은 단 한 명이라도 완벽한 고객 데이터를 쥐고 있다면 소중한 자산인 시대다.

티몬-위메프 사태와 비슷한 사례가 또 있을까?

티몬-위메프 사태 이후, 이커머스 시장 전반의 불신이 더해지며 쓰러지는 기업들이 늘어나고 있다. 특히 판매 대금의 긴 정산 주기를 활용해 기업 재무의 효율화를 꾀하던 곳들이 큰 타격을 입었다. 대표적으로 '알렛츠'와 '바보사랑' 등 적잖은 이용자를 확보한 이커머스가 문을 닫게 되었고, 이 과정에서 판매 대금을 받지 못한 입점사들이 속출했다. 무리한 마케팅과 할인 경쟁으로 인해 재무 상태가 악화했고, 변화하는 소비자 패턴에 적절히 대응하지 못한 탓이다. 이와 비슷한 방식으로 운영하는 기업들이 적지 않아 경영 위기에 처하는 곳들이 속속 늘어날 거란 예측이 있다.

다만 일부 기업들은 입점사들을 당혹하게 할 풍문 탓에 신음하고 있다. 실제 사업을 접을 만큼 상황이 심각하지 않음에도 입점사들이 스스로 플랫폼을 떠나거나, 불안을 호소하는 탓에 영업 자체에 애를 먹고 있는 곳들도 수두룩하다. 대표적으로 컬리와 오늘의집, 발란의 경우, 입장문을 내고 "재무상 문제가 없다"고 항변한 바 있다. 티몬-위메프 판매자 정산금 미지급 사태와 맞물리며 판매자들의 불안감이 확산한 탓에 생긴 풍문이다.

　문제는 출혈 경쟁을 이어온 이커머스 기업들의 재무 상황은 당장 나아질 가능성이 크지 않아, 서비스에 대한 불신이 더 커질 것이라는 전망이다.

커머스 플랫폼으로의
대전환

　　　　　　　　디지털 시대의 도래와 함께 플랫폼 기업은 우리 일상에서 떼래야 뗄 수 없는 존재가 되었다. 소셜 미디어, 검색 엔진, 동영상 스트리밍 서비스 등 다양한 형태의 플랫폼들이 나타났고, 이들은 소비자와 공급자 간의 연결 고리를 형성하며 방대한 사용자 기반을 구축해 왔다. 다양한 플랫폼 기업들이 최근 몇 년간 집중하는 공통된 사업은 바로 커머스다.

　네이버의 '스마트스토어'부터 유튜브의 '커머스' 기능까지 플랫폼들이 앞다퉈 커머스 사업에 진출하는 이유는 분명하다. 플랫폼 비즈니스에서 가장 큰 수익을 얻을 수 있는 창구가 바로 커머스이기 때문이다. 데이터를 기반으로 사업을 영위하는 플랫폼 기업들은 소비자의 지갑과 직접적으로 맞닿아 있는 커머스를 놓칠 수 없다.

특히 B2B 수수료를 기반으로 성장한 기업에도 커머스는 가장 큰 화제를 불러오는 영역이다. 이는 코로나19 이후 급격하게 변화한 사회상의 영향이기도 하다. 비대면 쇼핑 시장은 연일 급성장하고 있고, 이 시장의 핵심인 한 1인 가구는 거듭 늘어나는 추세다. 가구 구성의 변화는 개인화된 제품이나 소규모 패키지 상품, 간편식 등 새로운 유형의 소비 수요를 창출하고 있다. 이커머스 플랫폼은 이와 같은 시장 변화에 따른 소비자의 니즈에 빠르게 대응할 수 있는 유연성을 갖고 있다.

플랫폼 기업은 이커머스 사업에 있어 장점이 많다. 플랫폼 비즈니스 모델은 사용자 간의 상호작용을 중개해 가치를 창출하는 것이 핵심이다. 직접적인 상품이나 서비스를 생산하는 대신, 사용자가 스스로 콘텐츠나 상품을 제공하게 하고 플랫폼 내에서 거래가 이루어지도록 한다. 이러한 특성 덕분에 플랫폼은 낮은 운영 비용으로도 방대한 규모의 사업을 전개할 수 있으며, 네트워크 효과를 극대화할 수 있다.

즉, 커머스는 플랫폼의 특성과 완벽하게 결합할 수 있는 영역이다. 플랫폼이 이미 구축한 사용자 기반과 데이터를 활용해 사용자들에게 맞춤형 쇼핑 경험을 제공할 수 있다. 더불어 플랫폼 내에서 상품 판매가 이루어지면 사용자들이 더 자주, 더 오래 플랫폼에 머무르게 된다. 이는 사용자 참여도와 충성도를 높이고 궁극적으로 플랫폼의 가치와 수익을 강화한다.

대표적인 사례가 세계 최대 영상 플랫폼 사업자 구글 유튜브다. 유튜브는 지난 6월 세계 최초로 한국에서 '유튜브 쇼핑 전용 스토어'를 개설했다. 원하는 방송을 클릭하면 상품을 소개하는 라이브 커머스 방송이 재생되고, 화면에 표시되는 배너를 통해 해당 제품을 간편하게 구매할 수 있다. 유튜브는 국내 전자상거래 업체 카페24와 손을 잡고, 쇼핑몰 등 외부 사이트에 접속하지 않고도 이용자들이 유튜브 영상을 시청하면서 손쉽게 상품을 구매할 수 있도록 인프라를 구축했다.

과거에도 유튜브 시청 중 희망하는 제품이 나오면 외부 쇼핑몰 상품 페이지로 이동하는 링크 적용은 가능했다. 다만 소비자들은 외부 쇼핑몰에서 새로 로그인한 뒤 상품을 주문할 수 있었다. 하지만 이제 유튜브 쇼핑 전용 스토어를 이용하면 별도로 쇼핑 플랫폼이나 홈페이지 이동 없이 유튜브 앱 내에서 주소와 결제 정보만 입력해 바로 상품을 주문할 수 있다. 훨씬 더 간편해진 것이 핵심이다. 이러한 방식을 유통업계에선 라이브 커머스라고 부른다.

라이브 커머스는 온라인 생방송(live streaming)과 전자상거래 (E-commerce)의 합성어로, 스마트폰에 설치된 유튜브·네이버·카카오·쿠팡 등 인터넷 플랫폼을 통해 진행되는 실시간 쇼핑 방송이다. TV로 보던 홈쇼핑이 인터넷 플랫폼으로 들어갔다고 보면 된다. 특히 구매자들은 스마트폰으로 채팅하며 판매자와 소통할 수 있다는 특징이 있다. 판매자가 인기 인플루언서라면 신뢰도는 배가되고, 팬덤 마케팅까지 가능해진다. 동시에 구독으로 엮여 있는 특정 인플루언서와의 관계가 더욱 밀접해지고 나아가 유튜브에서 타 영상 플랫폼으로의 이동을 막을 수 있는 록인(lock-in) 효과 또한 기대할 수 있다.

유튜브의 커머스 전략의 핵심은 바로 '인플루언서 마케팅'과의 결합이다. 유튜브는 수많은 인플루언서가 활동하는 플랫폼이다. 이들이 팬들과의 신뢰를 바탕으로 제품을 추천할 때 그 효과는 매우 클 것이다. 유튜브는 인플루언서 마케팅의 힘을 커머스와 결합해 크리에이터들이 자신의 콘텐츠를 통해 수익을 창출하도록 한다. 크리에이터들에게 더 많은 수익 기회를 제공할 뿐만 아니라 구독자가 플랫폼에 더 오랫동안 머물고 더 많은 콘텐츠를 생산하도록 유도하는 효과가 있다.

또한, 유튜브는 구글의 방대한 데이터와 연계해 사용자 맞춤형 광고 및 쇼핑 경험을 제공하고 있다. 유튜브에서 시청자가 본 콘텐츠와 관련된 제품을 추천하거나 구글 검색 기록을 바탕으로 개인화된 쇼핑 경험을 제공함으로써, 사용자 만족도를 높이고 구매 전환율을 극대화하는 방식이다.

1020이 가장 많이 사용하는 플랫폼으로 도약한 틱톡 역시 이커머

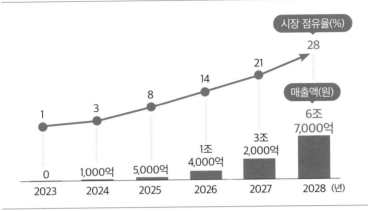

| 유튜브 국내 라이브 커머스 매출 및 시장 점유율 전망 |

출처: 미래에셋증권 리서치센터

스 시장 진출에 공을 들이고 있다. 2021년 인도네시아를 시작으로 미국, 영국, 태국, 베트남, 말레이시아, 싱가포르, 사우디아라비아에 '틱톡숍'을 빠르게 확장했다. 그리고 지난해 말 우리나라에 틱톡숍 상표권을 출원했다. 틱톡숍은 소비자가 틱톡 플랫폼에서 짧은 동영상을 보다가 마음에 드는 제품을 클릭하면, 곧바로 판매 창으로 넘어가 상품을 결제할 수 있는 구조다. 유튜브의 커머스 기능과 매우 흡사하다.

틱톡숍은 인플루언서와 가맹점이 뷰티·패션 제품에서 가전까지 다양한 상품을 보여주고 실시간으로 사용자의 구매를 돕는다. 즉

SNS 인플루언서를 추종하는 소비 트렌드를 자사 서비스에 접목해 커머스를 통한 막대한 수익을 창출하고 있다. 틱톡은 아직 국내 상륙에 대한 계획이 없다고 선을 그었지만 한국 진출이 성사될 경우 틱톡 주 사용자층인 국내 1020 이용자에게 상당한 영향력을 발휘할 가능성이 높다.

네이버 역시 플랫폼 사업자 중 대표적인 이커머스 전환 기업으로 꼽힌다. 네이버는 국내에서 가장 큰 인터넷 포털이자 다양한 디지털 서비스를 제공하는 플랫폼으로, 국내 인터넷 환경에서 독보적인 위치를 차지하고 있다. 네이버는 검색, 메신저, 블로그, 카페 등 다양한 서비스를 통해 시장을 키워왔지만 이젠 국내 최대 이커머스 기업으로 통한다. 올해 2분기 기준 네이버 전체 매출액에서 이커머스가 차지하는 비중은 50%에 육박한다. 검색 광고에 뒤처지지 않을 만큼 이커머스 사업이 성장한 것이다.

네이버는 2012년 '샵N'이라는 이름의 이커머스 중개 사업을 시작했고, 2014년 '네이버 스토어팜'을 거쳐 2018년부터 스마트스토어라는 이름으로 이커머스 사업을 리브랜딩했다. 네이버의 핵심은 바로 중소상공인의 상품 중계다. 주요 대기업이 아닌, 중소 오프라인 자영업자를 온라인으로 끌어와 시장의 판을 뒤집었다. 네이버는 디지털 전환 교육을 직접 진행해 지난 10년간 140만 명이 넘는 자영업자를 온라인으로 키워냈고, 이들을 바탕으로 엄청난 규모의 이커머스 시장을 손수 만들었다.

어느덧 네이버 스마트스토어에 등록된 상점 수는 수십만 개에 달한다. 이 플랫폼을 통해 거래되는 상품의 종류와 규모도 국내 최대다. 특히 네이버의 이커머스 사업은 다른 네이버 서비스들과의 연계성을 통해 사용자들에게 매력적인 쇼핑 경험을 제공하고 있다. 네이버 페이, 네이버 쇼핑, 네이버 카페, 네이버 지도, 네이버 검색 등과 연계해 쇼핑 효율을 키우고 마케팅 파워를 배가했다. 여기에는 네이버의 방대한 데이터가 활용되었다.

예컨대 네이버 검색, 블로그, 카페 등을 통해 수집된 데이터는 사용자들의 관심사, 소비 패턴, 선호도 등을 정확히 파악할 수 있게 해준다. 네이버는 데이터를 기반으로 사용자 맞춤형 상품 추천과 광고를 제공할 수 있으며, 이는 구매 전환율을 높이는 데 중요한 역할을 했다.

플랫폼 기업의 커머스 사업 강화 전략은 앞으로 더욱 구체화할 가능성이 높다. AI와 머신러닝(machine learning) 기술이 도입되어 플랫폼을 활용한 저비용 고효율 이커머스 사례가 늘어나고 있기 때문이다. 특히 이들 모두 방대한 사용자 데이터를 활용해 정교한 마케팅 전략을 구사하고 있어 더욱 개인화된 쇼핑 경험을 제공하는 방향으로 진화하고 있다. 데이터 기반 마케팅 전략은 고객 데이터를 확보하지 못한 비(非) 플랫폼 이커머스 사업자를 더욱 고립시킬 가능성이 높다. 무엇보다 자체 결제 시스템을 구축해 신뢰와 편의성을 모두 갖춘 사업자의 경우, 시장을 더욱 공고히 지탱할 것이다.

AI를 만난 플랫폼, 검색 패러다임이 바뀐다

미국 최대 IT 기업 구글은 지난 2008년 9월 '크롬'이라는 이름의 웹 브라우저를 내놓았다. 여기서 브라우저(browser)는 '가게 안을 둘러보거나 책을 군데군데 펼쳐 읽는다'는 뜻이다. 여기에 웹(web)이 붙어서 웹 페이지를 둘러볼 수 있게 해주는 프로그램을 웹 브라우저라고 한다. 우리는 모바일과 PC로도 웹 브라우저를 통해 인터넷에 접속할 수 있고, 원하는 결과물을 볼 수 있다. 흔히 우리가 인터넷에 들어가서 하는 자료 검색, 저장, 전송 등의 일은 모두 웹 브라우저를 통해야 한다.

'구글 플레이'를 통해 모바일 애플리케이션 시장을 집어삼킨 구글은 크롬 출시 당시만 해도 인터넷 검색 시장의 제왕으로 군림하던 마이크로소프트의 인터넷 익스플로러에 밀려, 브라우저 시장에선 큰 힘을 쓰지 못했다. 그러나 모바일 시대를 맞이한 이후 구글의 강력한 검색 알고리즘이 데이터 누적에 따라 진가를 발휘하기 시작했고, 무엇보다 속도에 최적화된 크롬 브라우저의 성능 덕에 크롬은 점차 PC 온라인 시장에서도 매력적인 선택지로 자리 잡았다.

크롬의 성공 비결 중 하나는 데이터 수집과 분석을 통해 사용자의 검색 패턴을 정교하게 파악하고, 이를 바탕으로 맞춤형 검색 결과를 제공하는 것이다. 또한 구글은 다양한 서비스와의 통합을 통해 크롬의 사용자 경험을 극대화했다. 예컨대 지메일과 유튜브, 구글 지도 등의 서비스 연동은 사용자들이 구글 생태계 내에서 모든 작업을 처리할 수 있도록 돕는 중요한 요소다.

모바일 시대, 구글의 주요 서비스가 모두 안착하면서 크롬의 경쟁력은 더욱 강력해졌다. 구글과 마찬가지로 자체 운영체제(OS)를 갖춘 애플을 제외하면 누구도 구글의 아성을 넘기 어려웠다. 실제 구글 크롬은 2010년대 이후 10년간 전 세계 60% 이상의 시장 점유율을 유지하며 검색 시장의 절대 강자로 군림했다.

그러나 검색 플랫폼 시장에서 오랫동안 절대적인 지배력을 행사해 온 구글 크롬은 AI 시대의 도래와 함께 새로운 도전에 직면하고 있다. 마이크로소프트를 비롯한 과거의 강자, 그리고 새로운 기업들이 AI 기술을 기반으로 검색 시장에서 강력한 경쟁자로 부상한 탓이다. 무엇보다 구글이 쌓아 올린 거대한 데이터를 활용할 수 있는 길자체가 막히고 있다.

쉽게 말해 구글의 손발을 묶는 규제의 강도가 연일 거세지고 있는 것이다. 대표적으로 유럽연합은 최근 구글의 독점적 행위에 대해 여러 차례 조사와 벌금을 부과했다. 지난 2017년에는 구글 쇼핑 서비스가 경쟁사의 서비스를 배제하고 자사 상품을 우대했다는 이유로 24억 유로의 벌금을 부과했다. 또한 지난 2018년에는 안드로이드 운영체제에서의 불공정 경쟁을 이유로 43억 유로의 벌금을 부과했다.

구글의 안방인 미국에서도 구글에 대한 반독점 조사가 한창이다. 2020년에는 미국 법무부와 여러 주 정부가 구글을 대상으로 반독점 소송을 제기했으며, 이들은 구글이 검색과 광고 시장에서의 지배력을 남용하고 있다고 주장했다. 이미 구글은 2024년 8월 미국 법무부가 제소한 반(反) 독점법 위반 소송에서 패소한 상태다.

뒤이어 미국 법무부가 구글에 안드로이드(모바일 운영체제)와 크롬(웹 브라우저), 애드워즈(광고)의 강제 매각을 명령하는 방안을 검토하고 있다는 외신 보도까지 등장했다. 데이터 거물이 된 구글의 앞길을 막아야 AI 시대 거대 독과점 기업의 등장을 제지할 수 있기 때문이다.

즉 구글이 빨아들인 거대한 데이터의 깊이가 AI 시대를 맞이해 더욱 힘을 받기 전, 그 싹을 잘라야 한다는 목소리에 힘이 실리고 있다. 구글은 안드로이드로 모바일 이용자의 데이터를 쓸어 담았고, 크롬을 통해 웹 검색 시장을 지배했다. 그뿐만 아니라 유튜브를 통해 영상 관련 데이터까지 통째로 집어삼켰다. 이러한 데이터 공룡이 AI를 만난다면 플랫폼 비즈니스 전반의 경쟁 시장 자체가 무기력해질 공산이 크다.

비단 구글만의 일이 아니다. 최근 일본 정부는 네이버가 만든 메신저 '라인'의 일본 내 지분 정리를 요구했다. 한일 양국의 정치 문제로 비화해 당장은 일단락된 모습이지만, 결국 다시 수면 위로 올라올 수밖에 없는 문제다.

국내 1위 검색 포털 네이버는 해외 진출을 꾸준히 추진했고 창업 멤버인 이해진, 신중호 등이 일본으로 건너가 동일본 지진을 계기로 글로벌 메신저 라인(라인야후의 모태)을 만들었다. 일본 내 더딘 디지털 전환 속에서 라인 메신저는 일순간에 일본 국민 메신저로 떠올랐다. 국내에서 사용되는 카카오톡처럼, 일본 전 국민이 라인 메신저를 쓰고 있다 해도 과언이 아니다.

그러다 지난해 11월 네이버 클라우드를 통해 라인의 개인정보 51만여 건이 유출되었고, 당시 일본 정부 조사를 통해 라인의 데이터 관리 측면에서 한국법인 네이버의 역할이 크다는 사실이 알려졌다. 일본 총무성은 올해 3월 행정지도에 나섰고 네이버와의 자본 관계 재검토를 요청했다.

그리고 올해 5월, 일본 라인야후가 네이버와의 위탁 관계를 종료하겠다고 밝히며 기술 독립을 선언했다. 일본의 국민 메신저 라인 운영 전반에 네이버의 역할을 줄이며, 한국 기업으로부터 점차 독립하겠다는 취지였다.

2023년	11월	라인, 네이버 클라우드 통해 개인 정보 51만여 건 유출
2024년	3월 5일	일본 총무성 1차 행정지도, 네이버와의 자본 관계 재검토 요청
	4월 16일	일본 총무성 2차 행정지도, 네이버 경영체제 재검토 결과 보고 요구
	30일	과기정통부, "네이버와 협의 중, 동향 주시하며 지원"
	5월 2일	일본 당국자, "라인야후 행정지도 지분매각 강요 아니다"
	3일	최수연 네이버 대표 "중장기 사업 전략 기반해 결정"
	8일	라인야후, 네이버와 위탁관계 순차적 종료·기술 독립 추진 등 대응책 발표
		라인야후, 네이버 출신 신중호 CPO 이사회에서 제외
	9일	소프트뱅크, 라인야후 지분 절반 이상 확보 논의 중
	10일	일본 총무상, "경영권 시점에서 자본 재검토 요청한 것 아니다"
		네이버, 지분 매각 포함 소프트뱅크와 모든 가능성 열고 협의
		과기정통부, "일본 정부 라인 지분매각 압박 유감… 부당 조치 강력 대응할 것"

출처: 언론 자료 통합

이와 같은 사태는 단순 국민감정 차원을 넘어 AI를 품게 된 플랫폼의 숙명으로 바라봐야 한다. 네이버는 라인을 통해 일본의 데이터를 빠르게 흡수하고 있었고, 이는 일본인과 일본 정부가 원하지 않는 그림이다.

AI가 검색 시장에 미치는 영향을 살펴보면 쉽게 이해할 수 있다. 실제 AI가 검색 시장에 미치는 영향은 매우 광범위하다. 검색 기술, 사용자 경험, 광고 모델, 데이터 처리 방식 등 여러 측면에서 영향력이 나타난다. 특히 자연어 처리(NLP) 기술의 진보로 검색 알고리즘은 혁신적으로 변화했다. 과거의 검색 엔진은 주로 키워드 매칭에 의존했지만, AI는 문맥을 이해하고 사용자의 의도를 파악하는 능력을 갖추고 있다. 즉 AI를 더한 검색 엔진은 단어의 순서와 문맥을 더 잘 이해하도록 해 사용자가 자연스럽게 질문할 수 있도록 돕는다.

또한 복잡한 질문에 답변을 제공하는 능력도 과거와는 확연히 달라졌다. 사용자는 이제 더 길고 복잡한 문장을 검색어로 입력할 수 있으며, AI는 사용자의 문장을 해석해 관련성 높은 검색 결과를 제공한다. 이는 검색 결과의 정확성과 사용자 만족도를 크게 향상시켰다. 이제 AI 검색 없이는 살아남을 수 없는 시대가 되었다.

데이터를 끌어모으는 기술도 AI 등장 후 확연히 달라졌다. AI는 사용자의 과거 검색 기록, 위치 정보, 검색 패턴 등을 분석해 개인화된 검색 결과를 제공하는 데 중요한 역할을 한다. 검색 결과가 사용자의 취향과 필요에 더 잘 맞도록 함으로써, 사용자 경험을 개선하고 검색의 효율성을 높인다. 더불어 AI 기반의 음성 인식 기술의 발전은 다양한 형태의 검색 서비스 확산을 이끌고 있다. 구글 어시스턴트, 애플의 시리, 아마존의 알렉사와 같은 AI 어시스턴트는 사용자가 텍스트를 입력하는 대신 음성으로 검색을 수행할 수 있게 한다. AI 의 등장 이후 검색 시장의 형태 자체가 바뀐 것이다.

더 강력한 AI를 활용하기 위해 가장 필요한 것은 데이터다. 데이 터를 많이 갖춘 플랫폼이 AI를 활용하면, 그 파급력은 상상을 초월 한다. 독점 기업이 등장하면 시장 경제의 논리로 끌어내리기도 쉽지 않을 것이다. 결국 규제가 필요하다는 결론 속 전 세계 모두가 자국 산업 보호를 위해서 데이터 장벽을 올리는 중이다. AI 시대를 맞이 한 구글과 네이버 모두, 기술보다 더 두려운 규제 장벽에 직면한 것 이다.

물론 네이버는 국내에선 해외 사업자의 침탈을 막아야 할 토종 사업자이기에 규제 환경을 잘 이용하고 있다. 바로 소버린(sovereign, 주권) AI이다. 챗GPT로 대표되는 생성형 AI가 채팅 방식으로 텍스트, 이미지, 오디오 등 다양한 형태 콘텐츠를 생산해 제공하는 방식이 대중화하며 정보 소비 형태도 큰 변화를 맞았다. 미국의 빅테크가 제공하는 AI 모델에는 혁신과 편리성이 있지만 그 이면에는 문화적 편향이나 독점적 지배력에 대한 우려가 존재한다.

네이버는 국가가 자체 데이터와 인프라를 활용해 해당 국가와 지 역의 제도, 문화, 역사, 가치관을 정확하게 이해하는 AI를 개발하고 운영해야 한다고 주장한다. 실제 AI 기술 격차는 추후 국가 간 경제 적 불균형을 심화시키고, 안보 위험과 일자리 문제 등을 초래해 국가 경쟁력을 약화시킬 공산이 크다.

네이버는 한국어 기반의 AI 플랫폼 '하이퍼클로바X'를 개발해, 한국어 기반의 빅데이터 사업에 공을 들이고 있다. 결국 AI는 초국적 플랫폼의 국적을 강제로 부여하고, 국가 간 장벽을 올리는 중요한 계기로 작용하고 있다. 이미 유럽연합은 법적 기준을 마련해 자국 플랫폼 서비스 보호에 나서고 있다.

이처럼 AI 패권 전쟁은 국가대항전에서 '제국주의' 수준으로 격상된 지 오래다. AI로 인해 전 세계 산업 지형이 변화하고 있고 특히 생성형 AI로 인해 일하는 방식이 완전히 바뀌고 있다. 이제 우리가 흔히 사용하던 인터넷 플랫폼에도 국가주의가 적용되고 있다. AI 경

| AI 관련 주요국 규제 |

미국	알고리즘 책임 법안 추진	알고리즘 개발 기업이 소비자들에게 미치는 영향 등을 평가한 보고서를 미국 연방거래위원회(FTC)에 제출하도록 함
유럽연합(EU)	AI 법안 추진	명백한 위협이 있는 AI 시스템을 금지하고 고위험 AI 시스템에 대한 위험관리 시스템 운영 등을 의무화함
영국	AI 규제 백서 발간	법 규제 최소화와 규제 혁신 등을 아우르는 합리적이고 유연한 규제 추진
한국	AI 관련 입법 추진	AI 산업 육성, AI의 윤리 책임 등에 대한 법안을 병합한 '인공지능 산업 육성 및 신뢰 기반 조성에 관한 법률안' 등 논의

출처: 국회입법조사처 등

쟁력이 국가 경쟁력으로 인식되면서 공공, 교육, 국방, 법률, 의료 같은 부문에서 자국 AI를 확보하려는 움직임이 경쟁적으로 일어나는 중이다. AI의 품질이나 활용도보다, 국가주의로 해석하고 활용하는 사례도 늘어날지도 모른다. 더 좋은 품질의 외산 AI가 존재해도 국가주의에 막혀 빗장을 거는 경우가 늘어날 것으로 예측된다.

'한국어' 검색은 왜 소외되는 것일까?

AI 모델을 훈련하기 위해서는 방대한 양의 데이터가 필요하다. 영어권에서는 인터넷에 공개된 데이터의 양이 매우 많고, 학습에 사용할 수 있는 데이터세트도 풍부하다. 반면, 한국어 데이터는 상대적으로 적기 때문에 대규모 언어 모델을 학습시키는 데 어려움이 있다. 또한 한국어는 방언이 많고 문어체와 구어체의 차이가 크다. 이는 언어 모델이 일관된 학습을 하기 어렵게 만든다. 표준어와 방언의 차이, 연령대에 따른 언어 사용의 차이 등 또한 모델의 정확도를 떨어뜨리는 원인이다.

무엇보다 글로벌 AI 기업들은 주로 영어권 시장을 타깃으로 연구와 개발을 진행한다. 영어가 국제 언어의 역할을 하고 있으며, 상업적으로도 큰 시장을 형성하고 있기 때문이다. 따라

| Part 2 | 자본의 토지와 토양이 바뀐다

서 한국어와 같은 소수 언어에 대한 투자가 상대적으로 적을

수밖에 없다.

TECHNOVATION

디지털 노동의 시대

우리는 지금 기술이 개인의 일과 삶의 방식을 근본적으로 변화시키고 있는 디지털 노동의 시대에 접어들었다. AI, 로봇, 자동화 기술 등 첨단 기술의 급격한 발전으로 우리의 노동 환경은 급변하고 있으며, 그 결과 인간 노동의 본질이 재정의되고 있다. 노동의 변화는 기존의 직업과 산업을 새롭게 재편하고, 일자리의 구조와 형태를 근본적으로 바꾸어 놓았다. 첨단 기술은 인간 노동의 자리를 대신하고 전통적인 노동의 개념을 뒤흔드는 변화를 의미한다. AI와 로봇은 점점 더 많은 분야에서 인간의 역할을 대체하고 있다. 특히 반복적이고 예측 가능한 업무에서 그 속도는 더욱 빠르게 진행된다. 물류와 제조업은 물론 금융, 의료, 교육 등 전통적으로 인간의 능력과 판단이 필요했던 영역에서도 AI와 자동화 시스템이 점점 더 많은 역할을 담당하는 추세다.

AI와 로봇의 급속한 발전은 우리에게 두 가지 중요한 질문을 던진다. 첫째, 기술이 인간 노동을 대체할 때 우리는 어떠한 사회적, 경제적 구조를 구축해야 하는가. 둘째, 인간의 역할이 기술에 의해 축소되는 시대에서 우리는 인간 노동의 가치를 어떻게 재정의해야 하는가.

디지털 기술이 노동시장에 미치는 영향은 결코 일률적이지 않다. 어떤 산업에서는 기술의 도입이 새로운 기회를 창출하고 노동 생산성을 높이는 긍정적인 효과를 가져오기도 하지만, 다른 한편에서는 일자리 감소와 노동자의 불안정한 위치를 초래하는 부정적인 결과를 도출한다. 우리는 이제 AI와 로봇이 일상화된 사회로 나아가고 있다. 시대의 변화는 피할 수 없는 현실이지만, 이를 어떻게 받아들이고 적응하느냐에 따라 우리의 미래는 달라진다. 우리는 디지털 시대의 노동과 일의 의미를 다시 생각해 보고 다가올 미래를 준비해야 한다.

함께 고려해야 하는 것이 바로 디지털 시대의 소비자이다. 이들은 전통적인 소비자와는 달리 디지털 기술과 플랫폼을 활용해 상품과 서비스를 비교, 검색하고, 구매하는 데 능숙한 소비자들이다. 인터넷과 스마트폰의 보급, 소셜 미디어와 온라인 쇼핑 플랫폼의 확산으로 인해, 디지털 컨슈머는 현대 경제의 중심에 자리 잡았다.

생산자의 얼굴이 달라지듯, 디지털 컨슈머의 특성과 행동 또한 달라지고 있다. 기업들은 이에 맞는 전략을 마련해야만 경쟁력을 유지하고 시장에서 성공할 수 있을 것이다. 디지털 시대의 소비자는 단순한 구매자 역할을 넘어 기업의 전략을 재정립하고, 새로운 경제 질서를 만드는 중요한 주체로 부상하기 때문이다.

Chapter 1

현대인을 대체하기 시작한 AI

챗GPT 돌풍,
AI 혁명의 시작

디지털 혁명은 21세기 초반부터 다양한 산업에 걸쳐 우리 생활에 깊숙하게 침투해 왔다. 그러나 최근 몇 년 동안 AI 기술의 비약적인 발전은 이전과는 전혀 다른 차원의 변화를 예고하고 있다. 그중에서도 언어 모델인 챗GPT는 자본주의를 형성하는 가장 중요한 요소, 노동력의 형태를 새롭게 재편하고 있다.

챗GPT는 자연어 처리 기술을 통해 인간과 유사한 수준의 대화를 할 수 있으며, 이에 따라 여러 산업에서 노동력의 역할을 재정의하고 있다. 챗GPT와 같은 AI가 노동시장에 미치는 영향은 단순한 자동화의 범주를 넘어선다. 특정 작업을 효율적으로 수행할 수 있는 다양한 디지털 휴먼을 만들어 냄으로써, 전통적인 노동의 개념을 다시 정의한다. AI는 단순 반복 작업을 넘어 고학력의 전문직들만 소화하던 업무까지 대체하는 수준까지 올라왔다.

AI가 노동시장에 직접적으로 미치는 영향 중 하나는 일자리의 대체다. 챗GPT와 같은 언어 모델은 이미 사무직과 서비스업에서 많은 일자리를 대체하고 있다. 여기에는 콜센터 직원, 고객 서비스 담당자 등 비교적 단순한 작업을 수행하는 직무들이 해당한다.

당장 우리 삶에 큰 영향을 주는 시중 은행들의 경우 AI가 상당 부분의 업무를 도맡고 있다. 이미 대부분 소비자는 은행 상담사가 아닌 AI를 통해 기본적인 은행 업무를 보고 있다. 즉 AI를 이용한 고객 서비스가 중심이며 최근에는 리스크 관리, 상품 개발, 내부 업무 자동화 등에도 AI가 쓰이고 있다.

예컨대 KB국민은행은 AI 기반의 챗봇 서비스를 통해 고객의 질문에 실시간으로 응답하며, 계좌 조회, 송금, 대출 상품 안내 등 다양한 금융 서비스를 지원하고 있다. 특히 지주사인 KB금융은 업무 생산성 향상을 위해 '그룹 공동 생성형 AI 플랫폼'을 구축해, 금융 전 계열사에 AI 기술을 제공하고 AI 활용 지식을 공동 자산화하는 방안을 추진 중이다. 신한금융도 고객 행동 예측 등 업무 자동화 서비스에 AI를 활용 중인데, 심지어 최근에는 고객 음성으로 감정 상태를 실시간 분석해 금융 사기와 연관되었는지 확인하는 서비스도 도입했다. 이제 AI가 금융 사기범도 구분하는 시대가 온 것이다.

우리은행 역시 AI 챗봇을 통해 고객 상담과 금융 거래를 지원한다. 기존 은행원과 달리 AI 직원 상담은 24시간 운영되며 고객의 질문에 대한 즉각적인 응답과 함께 계좌 조회, 송금, 대출 상담 등 다양한 금융 서비스를 제공한다. 또한 고객의 대화 내용을 분석해 필요한 정보를 신속하게 제공하는 데 중점을 두고 있다. 하나은행의 경우, 자체 개발한 AI 알고리즘을 기반으로 PB(프라이빗뱅커) 수준의 초개인화된 자산 진단 및 포트폴리오까지 제공한다.

여기에 금융 당국이 10년 만에 망 분리 규제를 완화하면서 금융사의 업무 효율성과 AI 활용도는 더욱 높아질 전망이다. 기존에는 물리적으로 금융 업무의 망을 분리해 따로 운영하는 것을 의무화했기 때문에 은행 내부 시스템과 외부 클라우드를 연계하는 것이 쉽지 않았다. 거듭된 해킹과 전산망 보안 등을 이유로 정부가 망 분리를 의무화했기 때문이다. 그러나 이젠 관련 규제를 조금씩 풀어주면서 은행 내부 시스템에 AI가 적극 활용될 수 있는 길이 열렸다. 앞으로 은행권에선 AI를 개발하는 것부터 보이스피싱과 같은 금융 사기를 탐지하는 기술까지 광범위한 영역에서 AI를 직접 다루며 활용 사례를 늘릴 것으로 보인다.

AI는 금융사 온라인 마케팅에도 적극 활용되고 있다. 이미 주요 카드사 콜센터에서 매년 평균 짐을 싸는 직원들 숫자는 수백 명에

| 주요 은행 AI 활용 |

은행명	서비스
신한	고객 분석 AI 플랫폼 운영(내년 1월) AI 행원 지원 서비스 시행(올해 4월)
KB 국민	AI로 보이스피싱 모니터링(올해 12월) 생성형 AI 탑재 사이트 개설(올해 6월)
우리	금융 상담 서비스 제공하는 'AI 뱅커' 구축 시작(올해 11월)
하나	금융판 챗GPT 개발(올해 7월) AI 자산 관리 서비스(올해 4월)

출처: 각 사

달한다. 여신금융협회에 따르면 작년 말 기준 신한·KB국민·삼성·현대·하나·우리·롯데·BC카드 8개 카드사에 전업으로 등록된 모집인 수는 5,818명으로 작년(7,678명)보다 24.2%나 줄었다. AI를 앞세운 개인화된 온라인 마케팅이 자리를 잡으며, 카드사 모집 인력이 불필요해진 탓이다.

금융사 콜센터 인력도 AI 상용화 이후 빠르게 줄고 있다. 국회 정무위원회 소속 더불어민주당 박상혁 의원실이 금융감독원에서 받은 〈콜센터 인력 현황〉 자료를 보면 국내 8개 카드사의 콜센터 상담원 수는 지난 5월 말 기준 1만 90명으로 집계되었다. 5년 전 2019년 말과 대비해 2,346명(19%)이 감소했다. 코로나19 이후 비대면 트렌드가 확산하면서 금융권 오프라인 채널이 디지털 채널로 급격히 전환되었고, 여기에 AI가 대중화 서비스로 자리 잡으며 디지털 전환 속도가 더욱 빨라지고 있다.

AI는 콘텐츠 생성 분야에서도 큰 변화를 일으키고 있다. AI를 활용한 기사 작성, 보고서 작성, 심지어 창의적인 글쓰기까지 가능해지자 기자, 카피라이터, 편집자 등 전통적인 미디어와 콘텐츠 산업의 일자리에도 영향을 미쳤다. 이미 국내 주요 경제지 중 상당수가 AI를 내재화해 단순 외신 번역과 공시 기사 등에 AI 기자를 활용하고 있다. 최근에는 스포츠 경기 결과, 주식시장 변동 등과 같은 데이터 중심의 뉴스 기사에서도 AI가 유용하게 활용된다.

인간의 참신함과 아이디어가 빛을 발했던 마케팅 영역 역시 AI가 주도하고 있다. 광고 문구와 제품 설명, 소셜 미디어 등의 마케팅 콘텐츠 생성에 AI가 큰 역할을 한다. 예컨대 챗GPT는 빠르고 효율적으로 다양한 스타일의 콘텐츠를 생성할 수 있어 카피라이터의 역할을 부분적으로 대체한다. 기업 사례를 보면 더 쉽게 이해할 수 있다. 세계 최대 상거래 업체 아마존의 경우, AI를 활용한 추천 엔진을 통해 고객에게 개인화된 제품 추천을 제공한다. 이 시스템은 고객의 구매 기록, 장바구니, 리뷰 등을 분석해 최적의 상품을 제안한다. 아마존의 추천 시스템은 전체 매출의 상당 부분을 차지할 정도로 이미 중요한 역할을 하고 있다.

스타벅스 역시 AI를 활용해 고객의 위치 데이터를 분석하고, 해당 지역에서 인기 있는 음료나 프로모션을 제안하는 위치 기반 마케팅을 실행하고 있다. 고객이 매장에 방문할 가능성을 높이며 자연스럽게 매출을 증가시키는 효과를 만든다. 과거에는 모두 상권 분석에 특화된 내부 직원들이 도맡았던 일이다.

콘텐츠 제작 시장에선 이미 AI가 핵심 인재로 거듭났다. AI가 스토리와 이미지를 직접 생성하고 보조 인력으로도 충분히 자기의 몫을 해내고 있다. 그림 그리기와 채색은 AI에 맡기고 작가들은 스토리텔링에 집중하는 방식이다. 지난 2022년 국내 최대 웹툰 포털 네이버는 콘텐츠 관련 AI를 연구하는 웹툰 AI 조직을 구성했다. 이후 불법 복제물을 추적하는 '툰레이더'와 딥러닝 기술을 활용한 '웹툰 AI 페인터' 등의 AI 도구를 개발했다. 툰레이더는 불법 유통을 효과적으로 억제하고, 웹툰 AI 페인터는 창작자의 스케치에 자연스러운 채색을 도와 작업의 효율성을 높인다.

네이버는 생성형 AI가 웹툰 작가들의 작품을 무단 학습하는 것을 막아주는 '웹툰 AI 임파스토'라는 서비스도 개발 중이다. AI로 인한 저작권 침해 및 보호 문제가 중요한 화두로 떠올랐기 때문이다. 네이버의 기술적 대응은 창작자들의 권리를 보호하는 데 중요한 역할을 할 것이다.

AI는 제조업의 트렌드도 빠르게 바꾸고 있다. 국내 최대 제조 대기업인 삼성전자의 경우, 전 사업부를 스마트 팩토리로 전환하고 AI

기술을 제조 현장에 적극 도입하고 있다. 예컨대 생산 라인에서 발생하는 데이터를 실시간으로 분석해 생산 효율성을 극대화하고 불량품 발생률을 최소화한다. 구체적인 예로 반도체 생산 공정에서 AI를 통해 제품의 미세한 결함을 실시간으로 감지하고 이를 자동으로 수정하는 시스템이 도입되어 있다.

현대자동차 역시 AI 자율 공장을 구축해 자동차 혼류 생산 라인을 최적화하는 방안을 추진 중이다. 차량의 문을 장착한 뒤 단차를 조정하는 공정에서 측정한 데이터를 AI가 분석하고, 차체와 페인트 등의 연관 공정과 피드백을 주고받는 방식이다. HD한국조선해양 또한 고숙련 용접공의 노하우를 AI 자율 제조를 통해 구현 중이다. 현장에서 여전히 수작업으로 이루어져 고도의 노하우가 필요한 철판 절단, 용접, 도장, 탑재 등의 작업에 AI가 탑재된 로봇을 도입하고, AI 플랫폼을 기반으로 용접 로봇 등을 학습시켜 정확성과 효율성을 높이고 작업자 안전을 확보한다는 계획이다.

AI가 대체할 수 없는 직업도 있을까?

예술가, 작가, 음악가 등 창의성을 요구하는 직업은 AI가 쉽게 대체하기 어렵다. 이러한 직업들은 인간의 감정, 경험, 문화적 맥락을 바탕으로 한 창의적 사고와 표현이 필요하기 때문이다. AI는 기술적으로 음악이나 그림을 생성할 수는 있지만, 예술 작품이 가지는 깊은 감정적 공감과 창의성을 완전한 인간처럼 재현하기는 어렵다. 다만 창의력이 필요한 전문 직군에서 AI를 기술적 도구로 사용하는 사례는 더욱 늘어날 것으로 보인다.

더불어 간호사, 돌봄 제공자 등의 직업은 단순히 기술적 숙련도뿐만 아니라, 환자나 돌봄이 필요한 사람들과의 인간적인 접촉이 중요하다. 이러한 직업들은 신체적·정서적 돌봄을 제공하며, 인간적인 상호작용과 이해가 필수적인 탓에 AI가 진입하기 어려운 영역으로 꼽힌다.

이 밖에도 법관, 철학자, 윤리학자 등 복잡한 윤리적 판단을 요구하는 직업은 AI 대체가 어렵다. AI는 정해진 데이터와 알고리즘에 기반해 판단을 내리지만, 인간 사회에서의 윤리적 결정은 감정, 문화, 사회적 맥락을 모두 고려해야 하므로 인간의 고유한 능력이 필요하다.

| Part 3 | 디지털 노동의 시대

AI보다 더 강력한 기술,
AGI 기술

특히 지금보다 더욱 성장한 AI, 즉 AGI 시대가 도래하면 더 많은 일자리가 자동화와 대체의 위협에 직면하게 될 것이다. AGI는 기본적으로 인간과 유사한 수준의 지능을 지녔다. 스스로 결정하고 판단하며 자의적으로 데이터를 쌓아 더 많은 일을 수행할 수 있다.

AGI가 등장하면 이미 AI로 대체되고 있는 단순 반복 작업이나 정형화된 지식 기반 직무를 넘어 과거 대비 더 복잡하고 정교한 작업도 수행할 수 있게 된다. 예컨대 제조업에선 단순 조립 작업과 기계 작동 등은 이미 자동화가 진행되고 있지만, AGI는 더 복잡하고 정교한 작업도 수행할 수 있다. 자연스레 저숙련 노동자들의 일자리가 크게 위협받을 것이다. 상담 시장 또한 고객의 질문에 실시간으로 응답하고 복잡한 문제도 해결할 수 있는 능력을 AGI가 갖추고 있어 고객 서비스 담당자의 역할이 줄거나 많은 인원을 뽑을 이유가 없어진다.

회계, 감사, 세무 등의 업무는 자격증이 필요한 전문 영역임에도 불구하고 규칙과 표준화된 절차에 따라 수행되는 업무라는 특정상 AGI가 차지할 가능성이 높다. AGI는 규칙을 이해하고 대규모 데이터를 정확하게 처리할 수 있기에 회계사나 감사인의 역할이 크게 줄어들 수 있다.

아울러 AGI는 의료 데이터 분석 능력이 뛰어나기 때문에 기본적인 의료 진단과 처방 업무 또한 대체할 가능성이 높다. 이는 일상적인 진단을 수행하는 일반의나 간호사들의 역할에 영향을 미칠 수 있다. 법률 시장 또한 AGI가 차지할 가능성이 큰 곳이다. 예컨대 고객이 자신의 문제를 AI 변호사에게 설명하면 AI는 관련 판례와 법률을 검토하고 최적의 법률 전략을 제시할 것이다.

AI 시대를 맞이해 새로운 일자리도 등장할 것이다. AI 모델을 교육하고 학습 데이터를 제공하며, AI의 성능을 지속적으로 개선하는 개발 시장이 열릴 것이고, AI 윤리를 다루는 법률 시장도 등장할 것이다. 또한 AI가 생성한 데이터를 활용해 이를 브랜딩하는 디자인 시장이 주목을 받을 것으로 보인다. AI가 제공한 결과물을 토대로 실시간으로 사용자와 상호작용을 할 수 있는 환경을 만들고 교육, 엔터테인먼트, 헬스케어 등 다양한 분야에서 새로운 가치를 창출하는 것이다. AI 시스템이 인간 사용자와 자연스럽고 효율적으로 상호작용을 할 수 있도록 인터페이스를 설계하는 일 역시 인간에게는 새로운 일자리로 등장할 것이다.

이를 위한 시장의 인프라 준비도 이제 마무리되는 모습이다. 시장조사업체 카날리스에 따르면 지난 2분기 880만 대의 AI PC가 출하되었으며, 이는 해당 기간 출하된 전체 PC의 약 14%에 해당하는 수치다. 카날리스는 올해 약 4,400만 대, 2025년 1억 300만 대의 AI PC가 출하될 것으로 예상한다. 카날리스가 지난 5월 진행한 여론조사에서 응답자의 60%는 고객들이 AI PC를 선호할 것으로 예상한다고 답하기도 했다. 이제 모두가 AI PC를 쓸 수 있는 시대가 다가온 것이다.

자연스레 AI를 통해 자신의 역량 이상을 해내는 사례도 등장할 것이다. 그림 실력은 없지만 좋은 아이디어와 스토리를 가진 사람도 AI를 만나 훌륭한 디자이너가 될 수 있다. 그림을 못 그리거나 직접 구상한 스토리가 부족하더라도, AI의 도움으로 웹툰을 만드는 것이 가능해진 시대가 온 것이다.

하지만 이처럼 AGI 시대가 찾아와도 인간의 창의성을 완벽히 대체하는 것은 쉽지 않다. 앞으로 우리 인류는 새로운 기술을 습득하는 것에서 한발 더 나아가 창의성 계발, 복잡한 문제 해결 능력 강화 등이 중요한 생존 요소가 될 것으로 보인다.

테크노밸리의
흥망성쇠

판교 테크노밸리는 대한민국의 대표적인 IT 클러스터로, 게임과 소프트웨어, 바이오테크, 핀테크 등 다양한 분야의 기업들이 모여 있다. 이 지역은 수도권 내에서도 IT 산업의 중심지로 자리 잡아 여러 글로벌 기업들의 본사나 연구소가 있다. 코로나19 당시 모바일 수요가 급증하자 판교의 대다수 기업은 일제히 IT 서비스 개발 및 운영 역량을 갖춘 인재 확보에 뛰어들었다. 네이버, 카카오, 엔씨소프트 등이 경쟁적으로 인재 영입에 나섰고, 모두 높은 급여와 좋은 복지 혜택을 제공하며 치열한 경쟁을 펼쳤다. 집 안에 머무는 시간이 길어지자 모바일 서비스 수요는 연일 팽창했고, 콘텐츠 공급이 수요를 쫓아가지 못하는 일들도 적지 않았다. 시장에 풀린 유동성은 자연스레 테크 기업을 향했다. 판교 기업들의 시가총액이 연일 신고가를 기록하자 신규 서비스 개발 니즈도 더욱 늘었다.

또한 코로나19로 인해 많은 기업이 디지털 전환을 서두르며 제조, 유통, 금융사들도 개발자 확보에 뛰어들었다. 전통 기업들의 온라인 비즈니스 증가와 디지털 서비스에 대한 수요 급증 등으로 인해 IT 인프라를 강화하고 새로운 소프트웨어 개발 필요성이 커진 탓이다. 일부 대기업들은 개발자를 유치하기 위해 비즈니스 프로세스를 자동화하거나 외주 인력을 활용하는 등의 대안을 모색했지만, 결국 내부 개발진 확보를 위해 많은 인건비를 책정해 개발자 모시기에 뛰어들었다. 이러한 기업들은 비개발자가 대다수이기 때문에 개발자 모시기에 더 큰 비용을 지출할 수밖에 없었다.

대기업에만 해당하는 일이 아니었다. 전 산업군에서 개발자 모시기 경쟁이 심화되었다. 대형 IT 업체들이 경쟁적으로 연봉 파격 인상, 역대급 규모의 채용 계획을 잇달아 발표하자 스타트업들도 초봉을 5,000만~6,000만 원대로 올리는 등 개발자 연봉 인플레이션이 뚜렷해지기 시작했다. 특히 대형, 중소, 스타트업까지 개발자 초봉 5,000만 원 시대를 열자, 비개발직군의 직장인들도 저마다 개발자로 옷을 갈아입기 시작했다.

IT 개발자 양성 과정에는 적잖은 시간과 교육 인프라가 필요하다. 하지만 IT 업계의 빠른 성장과 기술 변화의 속도에 비해 교육 기관에서의 개발자 양성 속도는 상대적으로 느렸다. 코로나19로 인해 교육 기관들의 비대면 전환이 이루어지면서 교육의 질과 속도에 차질이 빚어지기도 했다. 이로 인해 신입 개발자의 공급이 충분하지 못했고, 개발자 부족 현상이 심화해 개발자 인플레이션 현상은 더욱 두드러졌다.

당시 대우가 좋기로 소문난 '네카라쿠배(네이버·카카오·라인·쿠팡·배달의민족)'에 입사하기 위해 다니던 대기업을 관두고 코딩학원에 다니는 사람들도 늘어났다. 자연스레 단기에 코딩을 배울 수 있는 부트캠프 등이 주목을 받았다. 소프트웨어 개발 분야에서 부트캠프는 코딩이나 소프트웨어 엔지니어링을 집중적으로 가르치는 프로그램으로, 비전공자나 경력 전환을 희망하는 사람들이 빠르게 실무 능력을 갖춘 개발자로 일할 수 있도록 도왔다. 정부 또한 부트캠프에 지원하며 개발자 인력 보충에 힘을 보탰다.

끝나지 않을 것 같던 개발자 모시기 전쟁은 코로나19가 조금씩 극복되며 자연스레 종결을 맞이했다. 미국의 금리 인상과 함께 기술주에 쏠린 유동성이 차츰 빠져나가며 IT 기업들은 생기를 잃었다. 비용 절감 요구가 잇따르기 시작했고 무엇보다 코로나19가 사라지며 대면 수요가 늘어난 탓에 모바일 서비스 수요도 과거 대비 크게 줄었다. 여기에 개발자의 핵심 업무인 코딩을 AI가 상당 부분 수행하게 되면서 만연해 있던 개발자 부족 현상이 일순간 사라졌다.

주요 산업군에서 개발 조직을 축소하기 시작했고 빅테크 기업이 몰려 있는 미국마저 인력 구조조정이 빗발치기 시작했다. 실제 구글은 2년에 걸쳐 무려 1만여 명 이상의 직원을 감축했다. 광고 매출 둔화와 클라우드 부문에서의 경쟁 심화가 구조조정의 주요 원인이 되었다. 아마존 역시 1만여 명 이상의 직원을 내보내며 물류 및 운영 부문에서 감축을 진행했다.

메타 역시 2년에 걸쳐 2만여 명 이상의 직원을 내보냈다. 사실 메타는 코로나19 당시 비대면 수요가 급속하게 팽창하자, 페이스북에서 메타로 사명을 변경하고 메타버스 사업에 대규모 투자를 단행한 탓이 크다. 코로나19가 마무리되며 메타버스 사업이 기대만큼 성과를 내지 못했고, 급락하는 주가의 흐름을 막고자 비용 절감이 불가

피해진 이유다. 동시에 글로벌 경제의 불확실성, 광고 수익 감소, 인플레이션, 그리고 경기 침체 가능성 등도 구조조정을 촉발하는 요인이 되었다.

테슬라 CEO 일론 머스크가 인수한 X(구 트위터) 역시 대규모 구조조정으로 주목을 받았다. 일론 머스크는 약 440억 달러에 트위터를 인수한 직후 운영 방식을 전면적으로 재구성했다. 경영진 대부분을 해고한 데 이어 지난 2022년 11월에는 전체 직원의 약 50%에 해당하는 3,700여 명가량의 직원을 해고하는 대규모 구조조정을 단행했다. 미국 게임 엔진 업체 '유니티' 또한 올해 1분기 중 전체 직원의 25%에 해당하는 1,800명을 내보내며 창사 이래 최대 규모의 감원을 진행했다.

IT 업계의
대대적인 체질 개선

국내 기업들도 이러한 흐름을 피하지 못했다. 국내 최대 게임사 중 한 곳인 엔씨소프트는 올해 들어 대규모 구조조정을 진행해 전체 직원 중 20%가량을 정리하겠다고 선언했다. 최고의 복지를 자랑하던 국내 게임사에도 위기가 찾아온 것이다. 품질 서비스 사업 부문(QA)과 응용 소프트웨어 개발 공급

사업 부문 등을 물적 분할해 조직 슬림화에 착수했다. 특히 자회사 '엔트리브소프트' 등 다수 서비스를 종료하고 수십 명 규모의 권고 사직도 진행했다. 넷마블 산하 넷마블에프엔씨 또한 메타버스 플랫 폼을 개발하던 '메타버스월드' 법인 종료를 결정하면서 소속 직원인 70여 명을 상대로 권고사직을 통보했다. 개발자 모시기 시대가 저물 고 개발직군 고용시장에 칼바람이 불기 시작한 것이다.

대형사가 흔들리니 스타트업 생태계 역시 인력을 받아주지 못했 다. 벤처 생태계에도 유동성이 사라지며 인력 줄이기가 본격화되었 다. 중소벤처기업부에 따르면 올해 1분기 벤처 투자액은 8,815억 원 으로 지난해 같은 기간(2조 2,214억 원)보다 60.3% 감소했다. 정보통 신기술 서비스에서 74.2%(7,688억→1,986억 원), 게임에서 73.7%(746억 →196억 원)으로 감소 폭이 컸다. 예컨대 토스 운영사 비바리퍼블리카 는 2021년 6개 계열사에 340명으로 인력을 확장했으나 지난해 개 발자 공채 프로그램을 50여 명 규모로 대폭 축소했다. 당근마켓도 2021년 300여 명 수준의 인력을 채용했지만 지난해 60여 명 규모 로 채용을 줄였다.

채용시장 냉각으로 주요 IT 기업 내 근속기간도 덩달아 증가하고 있다. 스타트업을 찾던 개발자들도 대기업으로 돌아가거나, 애초부 터 안정적인 기업 취직을 목표로 하는 사례가 늘어났다. 실제 직원 1인 평균 6년을 못 넘기던 네이버의 근속연수는 지난해 말 5년 9개

| 2023년 1분기 업종별 벤처투자 현황 |

구분	2022년 1분기	2023년 1분기	전년 동기 대비	
			증감	증감률
ICT 서비스	7,688억	1,986억	-5,701억	-74.2%
바이오·의료	4,137억	1,520억	-2,617억	-63.3%
영상·공연·의료	1,016억	1,102억	86억	8.5%
유통·서비스	4,570억	1,028억	-3,542억	-77.5%
전기·기계·장비	1,260억	832억	-428억	-34.0%
기타	1,141억	808억	-333억	-29.2%
정보통신기술 제조	934억	707억	-227억	-24.3%
화학·소재	722억	634억	-88억	-12.1%
게임	746억	196억	-549억	-73.3%
합계	2조 2,214억	8,815억	-1조 3,399억	-60.3%

출처: 중소벤처기업부

월, 올해 상반기에는 6년 6개월로 늘었다. 카카오 역시 대부분 5년 이내였던 직원 1인 평균 근속연수가 지난해 말 4년 9개월에서 올해 상반기 5년 3개월로 늘었다. 엔씨소프트 역시 올해 1분기 기준 총직원 약 5,000명의 평균 근속연수가 대체로 7년에 육박할 만큼 길다. 즉 개발자들이 이직을 거부하기 시작한 것이다.

이런 상황과 맞물려 노동조합 불모지였던 판교 테크노밸리에도 속속 노동조합이 설립되기 시작했다. 많은 IT 기업이 프로젝트 마감

기한에 맞추기 위해 직원들에게 과중한 업무를 부과하는 경우가 잦았지만, 코로나19 당시만 해도 유동성의 힘으로 직원들의 반발을 무마하는 경우가 대부분이었다. 그러나 이들은 더 나은 근로 조건과 직장 내 민주주의를 요구하며, 노조를 통해 목소리를 내기 시작했다. 특히 AI로 인해 개발자들이 대체될 것이라는 전망이 나오자 더욱 조직적인 방식으로 노동 운동을 펼쳤다.

네이버와 카카오, 넥슨, 엔씨소프트 등에서 만들어진 노조는 회사와의 협상을 통해 임금 인상과 근로 시간 단축, 업무 강도 완화 등을 요구했고 일방적 해고에 저항하며, 본격적으로 노동권을 키우기 시작했다. 특히 노동조합 측은 회사의 경영상 실패를 구성원에게 전가해선 안 된다며 고용 안정을 요구하고 있으며, 대규모 구조조정이 게임산업의 발전에 악영향을 끼칠 수 있다고 주장한다. 흥행에 실패할 경우 구조조정의 대상이 되기 때문에 개발자들이 창의적인 도전을 주저하게 만든다는 것이다.

생성형 AI의 등장 이후, 개발자 또는 프로그래머 업무가 상당 부분 줄어들고 있다. 자동화된 코딩 도구와 코드 생성 AI, 그리고 테스트 자동화 기술 등이 도입되면서 개발자의 역할은 빠르게 변화하고 있다. 예컨대 깃허브의 코파일럿과 같은 AI 도구는 개발자가 작성하려는 코드의 일부를 자동으로 제안하거나 생성한다. 이를 통해 반복적이고 일상적인 코드 작성 작업을 줄여주며, 개발자들이 더 복잡한 문제 해결에 집중할 수 있도록 돕는다.

오픈AI의 GPT-3와 같은 언어 모델은 자연어를 기반으로 코드를 생성할 수 있어 간단한 스크립트나 웹 애플리케이션을 자동으로 만든다. 코드 초안 작성이나 간단한 프로토타이핑(prototyping)에 유용하게 사용되고 있다. 즉 코딩과 같은 단순 업무는 사람이 아닌 AI에게 맡겨야 하는 시대가 찾아온 것이다.

AI의 기술 발전으로 적은 인력으로도 큰 기업 못지않은 대중화 서비스를 이루어내는 사례가 등장하고 있다. 최근 코스피에 입성한 게임사 시프트업이 대표적이다. 엔씨소프트와 비등한 기업 가치를 지닌 시프트업의 경우, 직원 수가 400명 규모에 불과하다. 엔씨소프트와 비교해 무려 12분의 1 수준이다.

이를 가능하게 한 것은 과감한 AI 적용이다. 시프트업은 게임 개발 컨셉화 단계부터 프로토타입 게임 플레이를 제작하는 사전 제작 단계에도 AI를 활용한다. 또 방대한 코드를 활용해 자동화한 제작 단계와 포스트-프로덕션 단계에 이르기까지 각 개발 과정을 AI로 최적화한다. 즉 고품질의 게임을 낮은 비용으로 빠르게 시장에 선보일 수 있는 것이다. 실제 시프트업의 핵심 게임인 '스텔라 블레이드'의 경우, 타 경쟁사 게임들과 비교하면 개발 기간은 3분의 2, 투입 인력은 3분의 1, 총개발비용은 3분의 1 수준에 불과하다고 한다.

사실 개발시장에서 AI가 모든 일을 대체 가능하리라 생각하지 않는다. AI 도구들의 발전으로 인해 일부 개발 역할이 축소되거나 자동화될 가능성이 있지만, 현재로서는 완전한 대체가 아닌 보완적 역할로서 AI 활용이 주를 이룬다. 창의성, 문제 해결 능력, 사용자 요구 분석 등 인간의 고유한 능력은 여전히 AI가 쉽게 대체하기 어려운 부분이다.

당장의 AI 기술은 단순하고 반복적인 업무를 대체하고 있고 개발자들은 더 고차원적이고 창의적인 작업에 집중할 수 있도록 해준다. AI는 단순 작업에 할애되는 시간을 줄여주지만, 복잡한 설계와 문제 해결, 하드웨어와 소프트웨어를 포함한 컴퓨터 시스템 전체의 설계 방식의 결정에서는 여전히 개발자들이 필요하다. 그 결과 단순 코딩과 같은 얕은 수준의 역량을 지닌 초급 개발자는 이제 더 이상 필요로 하지 않는다. 또한 개발자의 역할은 점차 AI 도구를 사용하고 최적화하는 데 필요한 새로운 기술을 배우고, 이를 프로젝트에 적용하는 것에 더 맞춰졌다. AI와 협업하는 방식으로 개발자의 역할이 변화하고 있으며, 이는 새로운 형태의 기술적 역량을 요구한다. 결국 과거의 방식으로 개발하면 일자리를 잃을 수밖에 없는 것이다. 판교 테크노밸리로 상징되는 국내 IT 기업들의 체질 개선은 불가피한 수순이다.

Chapter 2

새로운 형태의 노동자가 등장하다

로봇 없이 살 수 없는
대한민국

21세기 들어 대한민국은 세계에서 가장 빠르게 로봇 기술을 도입하고 활용하는 국가로 자리매김했다. 로봇은 단순히 제조업에서의 자동화 도구를 넘어 다양한 산업과 우리의 일상생활에 깊이 스며들고 있다.

그동안 인류가 생각했던 로봇은 단순 기계적 반복 기능, 정형화된 업무에 국한된 형태가 많았다. 하지만 최근 AI와 융합해 로봇의 지능 수준이 고도화되면서 스스로 판단, 제어, 작동하는 수준으로 발전했고 제조업을 넘어 서비스업까지 활용 영역을 넓히고 있다. 특히 생성형 AI라는 두뇌까지 장착해 점점 사람을 닮아가는 AI 로봇이 개발되고 있다. 사람을 닮은 휴머노이드 로봇이 바로 그 결과물이다.

무엇보다 로봇 대중화 속도는 그 어떤 IT 기술보다도 빠르다. 국제로봇연맹이 지난 1월 발표한 〈2023 세계 로봇공학 보고서〉에 따르면 한국의 로봇 밀도는 근로자 1만 명당 1,012대로 압도적인 세계 1위다. 주요 국가 중 2위 싱가포르가 1만 명당 산업로봇이 730대, 3위 독일은 415대에 불과하다. 그런데도 우리는 2017년 이후 산업 현장에 로봇을 연평균 6%씩 더 늘리고 있다. 로봇 활용과 관련한 데이터 측면에서도 우리나라는 이미 세계 최고 수준을 자랑한다. 자연스레 로봇을 통한 인력 대체 사례도 기하급수 늘고 있다.

| 연도별 세계 로봇 밀도 추이 |

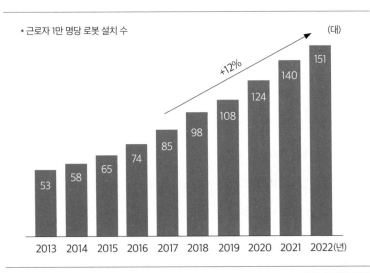

* 근로자 1만 명당 로봇 설치 수 (대)

+12%

2013	2014	2015	2016	2017	2018	2019	2020	2021	2022(년)
53	58	65	74	85	98	108	124	140	151

출처: 국제로봇연맹

로봇을 가장 필요로 하는 분야는 바로 우리나라의 수출 1등 공신인 제조업이다. 로봇을 기반으로 한 스마트 팩토리는 공장 내 모든 생산 과정이 자동화되고 실시간으로 관리되는 첨단 제조 시스템으로, 대한민국 제조업의 핵심 인프라로 거듭났다. 이미 대기업들은 스마트 팩토리를 도입해 생산성을 극대화하고 있다. 삼성전자의 반도체 공장은 웨이퍼 운반, 조립, 검사 등의 과정을 자동화된 로봇 시스템으로 운영 중이다.

특히 삼성전자는 로봇 기반의 제조 자동화에 큰 공을 들이고 있다. 반도체 공장을 오는 2030년까지 무인화한다는 목표를 세웠고 실제 기흥 사업장 등의 주요 제조처에서는 반도체 웨이퍼를 나르는 일은 로봇이 도맡고 있다. 또한 삼성전자는 지난해 반도체 패키징 분야에서 공장 무인화 라인을 구축했다. 패키징 공장은 기판과 트레이 등 여러 부품을 옮겨야 해서 많은 인력이 필요하지만, 삼성전자는 웨이퍼 이송 장치와 리프트, 컨베이어 등의 반송 장비를 통해 완전한 자동화 시스템을 만들었다. 그 결과 제조 인력은 85% 줄어들고 설비 고장 발생률도 90% 감소한 것으로 나타났다.

현대자동차 역시 로봇을 적극적으로 활용하는 제조사 중 한 곳이다. 현대차는 완성차의 용접, 도장, 조립 등 주요 제조 공정 전반에서 로봇을 활용해 인간의 노동력을 대체하고 있다. 예를 들어 용접 공정에서는 로봇이 차체의 용접을 정밀하게 수행하며 생산 속도와 품질을 동시에 높인다. 도장 공정에서도 로봇이 균일한 도색을 제공해 품질을 유지하면서도 환경 오염을 최소화한다. 차체를 만드는 조립과 용접은 거대한 로봇 팔이 100% 자동으로 진행하며, 조립 과정 전반 또한 로봇이 진행한다. 현대차 산하 기아차 또한 공장 내 물류 운송을 위해 자율이동로봇을 도입해 제조 공정을 혁신하고 있다. 자율이동로봇은 공장 내에서 부품과 재료를 운반하며, 작업자의 개입 없이 지정된 경로를 따라 자율적으로 이동한다. 이를 통해 물류 작업이 자동화되었고 전체 생산 속도가 향상되었다.

자율주행로봇 기술도 나날이 성장 중이다. 최근 현대차그룹 로보틱스랩은 국내외 스마트 건축 관련 파트너들과 함께 로봇 친화 빌딩 구현을 위해 엘리베이터, 보안 게이트 및 기타 인프라 표준을 구축 중이며, 동시에 자율주행로봇 실증 사례를 쌓고 있다. 현대로템이 레인보우로보틱스와 공동 개발한 방산용 다족보행로봇 역시 최근 육군 납품으로 큰 주목을 받았다. 이 로봇은 네 발이 달린 형태로, 시속 4km 속도로 이동할 수 있다. 또한 로봇에 주야간 카메라가 장착되어 감시 정찰 임무를 수행할 수 있고, 원격 사격 권총이나 로봇팔 등을 달아 전투 또는 구조 임무도 수행할 수 있다.

배달의민족 운영사 우아한형제들이 자체 개발한 배달 로봇 '딜리' 역시 최근 실외이동로봇 운행안전인증을 획득해 점차 로봇 배달 사례를 늘리고 있다. 실외이동로봇 운행안전인증은 지난해 국회를 통과한 '지능형 로봇 개발 및 보급 촉진법'에 따라 도로교통법상 보도에서 배달 로봇을 운행하기 위해서 반드시 받아야 하는 인증이다. 인증을 획득한 실외이동로봇은 인간 보행자에 준하는 지위를 갖게 된다. 즉, 시내 일반 보도와 횡단보도를 자유롭게 통행할 수 있다. 규제가 풀린 만큼 배달 성공 사례도 늘어날 것이고 자연스레 더 많은 지역에서 로봇을 통한 배달 사례를 눈으로 확인할 수 있게 될 것이다.

로봇 기술은 제조업을 넘어 우리나라의 소매시장, 자영업 및 프랜차이즈 산업에서도 빠르게 도입되고 있다. 소매시장에서 활용하는

출처: 배달의민족

로봇을 보통 '협동 로봇'이라고 부른다. 사람과 같은 공간에서 사람을 도와 작업을 수행하며, 산업용 로봇보다 조작이 쉽고 비용이 저렴하다는 장점을 가진 로봇을 뜻한다.

한국과학기술정보연구원에 따르면 지난 2020년 301억 달러였던 세계 협동로봇시장 규모는 지난해 435억 달러까지 커졌다. 오는 2026년에는 1,033억 달러(약 127조 원)로 커질 것으로 예상되며, 국내시장 규모는 지난해 4억 4,000만 달러(약 5,600억 원)에서 연평균 23.3%씩 성장해 2026년에는 10억 3,000만 달러(1조 3,300억 원)에 달할 것으로 전망된다.

특히 AI와 로봇공학이 결합한 지능형 로봇(intelligent robots)이 개발되고 있어 인류의 일자리는 더욱 빠르게 많은 부문이 로봇으로 대체될 가능성이 높다. 그러나 로봇을 관리하고 유지 보수하며, 프로그래밍하는 새로운 기술이 필요할 것이다. 로봇의 대중화는 고숙련 노동자의 일자리를 위협하기보다는, 새로운 형태의 일자리를 창출하는 것으로 이어질 수 있다. 예를 들어 로봇이 반복적이고 위험한 작업을 담당하고, 인간은 창의적이고 복잡한 문제를 해결하는 역할을 맡는 형태가 될 수 있다. 이를 통해 노동 생산성을 높이면서도 일자리 감소를 최소화할 수 있다. 기업 또한 과거 대비 인건비를 효율화하며 이전보다 많은 이윤 창출이 가능할 것이다.

물론 지능형 로봇의 등장은 노동시장에 변화를 불러오며, 일부 일자리의 감소를 초래할 가능성이 크다. 그러나 동시에 새로운 기술 기반의 일자리와 로봇과 협력하는 다양한 기회도 창출될 것이다. 지능형 로봇의 도입은 피할 수 없는 흐름이지만, 이를 효과적으로 관리하고 사회적 충격을 최소화하기 위한 노력이 절실한 때다.

대세가 된 긱이코노미, 플랫폼 노동자의 등장

코로나19 이후 디지털 노동 시대의 주역 중 하나가 바로 긱이코노미(gig economy)이다. 긱이코노미는 전통적인 고용 형태와는 달리, 노동자들이 단기 계약이나 프로젝트 기반의 일자리로 생계를 유지하는 경제체제를 의미한다. 긱은 원래 음악가들이 단기적으로 공연하는 것을 의미했으나, 이제는 단기 계약으로 이루어지는 모든 형태의 일자리를 지칭한다.

단기 일자리로 생계를 이어가는 사람들이 늘어나며 이들을 중심으로 하는 새로운 경제 구조가 만들어졌다. 우버, 에어비앤비, 배달의민족과 같은 디지털 플랫폼이 시장에서 인기를 얻으며 자리를 잡았고, 디지털 플랫폼들은 전통적인 고용주-피고용인 관계를 재편성했다. 사람들에게 단기적인 일자리를 제공하는 방식으로 경제 활동을 혁신한 것이다. 디지털 플랫폼들은 고도로 발전된 알고리즘으로 수요와 공급을 실시간으로 매칭했고 노동자들은 자신이 원하는 시간과 장소에서 일할 수 있게 되었다. 이는 플랫폼의 신뢰성과 사용자 경험이 노동자의 수입과 직결되는 특징을 갖고 있다. 특히 코로나19 팬데믹 이후 비대면 업무와 원격 근무의 필요성이 증가하면서 긱이코노미는 새로운 경제 질서의 중요한 축으로 자리 잡게 되었다. 기업들은 인력이 필요할 때만 고용함으로써 고정 비용을 크게 줄이고 있으며, 실제로 특정 프로젝트나 단기적 업무에 필요한 전문 인력을 쉽게 확보하는 사례가 늘었다.

긱이코노미를 형성하는 노동자, 이른바 '긱워커'는 아르바이트와 혼동될 수 있지만 본인이 일하기 원하는 시간을 선택할 수 있다는 점에서 근본적으로 다른 형태다. 주중에는 본업에 종사하는 사람도 주말을 활용해 긱워커로 활동할 수 있다. 또한 초단기 일자리이기 때문에 부수입이 필요한 시기에 일회성으로 일하는 것도 가능하다.

우리나라에서도 주당 근로 시간이 15시간 미만인 근로자가 큰 폭으로 증가하고 있다. 통계청에 따르면 올해 들어 주당 15시간 미만 일한 초단시간 근로자는 지난 6월 기준 170만 1,000명으로 역대 최대를 기록했다. 전체 취업자 중 초단시간 근로자가 차지하는 비율은 2019년 6월 4.9%에서 이제 5.9%에 달한다. 이 중 플랫폼 기반으로 생활하는 긱워커 규모는 지난해 기준 88만여 명으로 1년 새 11.1% 가량 늘었다.

| Part 3 | 디지털 노동의 시대

긱이코노미의 가장 큰 장점은 노동자가 자신의 근로 시간과 장소를 자유롭게 선택할 수 있다는 점이다. 단지 기술적 변화로 긱이코노미가 등장한 것은 아니다. 노동자들의 가치관 변화도 긱이코노미의 확산을 촉진했다. 과거에 비해 더 많은 사람이 일과 삶의 균형을 중요시하고, 자신의 시간과 장소를 자율적으로 관리할 수 있는 유연한 일자리에 대한 선호도가 높아졌다. 특히 코로나19로 인해 비대면이 일상화하며 이러한 니즈를 가진 사람들이 더욱 늘어나게 되었다.

대다수의 긱워커는 자신의 라이프스타일에 맞춰 스스로 근무 시간을 결정할 수 있다. 또한 긱이코노미는 노동자들이 여러 프로젝트를 동시에 수행해, 수입을 다각화할 기회를 제공한다. 전통적인 정규직 일자리에서 발생하는 소득의 불안정을 보완하는 데 큰 힘이 되는 형태다. 과거보다 쉽게 '투잡'에 종사할 수 있는 이유는 기술 발전으로 인해 전통적인 일자리 외에도 다양한 형태의 새로운 일자리가 등장한 덕분이다. 이는 노동시장에 긍정적인 변화를 가져오고 있다. 특히 프리랜서나 창의적인 직업군에서 긱이코노미는 새로운 기회를 창출하고 있다.

예를 들어 과거에는 짧은 일자리로 과외와 간단한 노동 일용직 등이 꼽혔지만 최근에는 우버 드라이버, 딜리버리 노동자, 프리랜서 디자이너 등으로 확장되었다. 배달 서비스의 경우 코로나19를 계기로 긱이코노미 참여자를 크게 늘린 영역으로 꼽힌다. 코로나19 이후 배달 음식 수요는 전 세계적으로 크게 늘었다. 지난해를 기준으로 국내 온라인 식품 거래액은 40조 원을 넘어섰다. 통계청에 따르면 지난 2019년 17조 원 수준에 불과했던 우리나라의 온라인 식품 거래액은 2021년 31조 2,476억 원, 2022년 36조 1,050억 원, 2023년 40조 6,812억 원에 달하며 매해 가파른 성장세를 이어가는 중이다. 시장의 니즈 덕에 배달 플랫폼 종사자의 숫자 또한 기하급수 늘어났다.

더불어 가사 및 돌봄 서비스와 온라인 개인 교습 및 레슨, 콘텐츠 제작시장도 긱워커의 활용도가 높은 영역에 꼽힌다. 유튜브, 트위치와 같은 플랫폼에서 크리에이터들이 동영상, 라이브 스트리밍, 팟캐스트 등 다양한 콘텐츠를 제작해 수익을 창출하는 경우도 긱이코노미에 해당한다.

긱워커 시장에서도 기술 기반의 새로운 일자리가 끊임없이 등장하고 있다. 예컨대 데이터 라벨링은 AI 서비스나 제품을 개발할 때 내부 데이터에 이름을 붙이고 정의를 내리는 작업을 뜻하는데, 일반 대중이 참여할 수 있는 데이터 라벨링 외에도 의학, 법률과 같이 관련 지식을 가진 사람이 작업을 해야 하는 경우도 있다. 관련 지식 또는 실무 경험이 있는 사람이 필요한 경우 긱이코노미 참여자를 이용한다.

공유경제를 활용하는 사례도 늘고 있다. 공유경제는 자원의 효율적 사용을 목표로, 개인 간에 자산이나 서비스를 공유하는 경제 모델을 의미한다. 이 모델은 디지털 플랫폼을 통해 사람들 사이의 거래를 중개하며, 자원을 소유하는 것보다는 필요할 때 빌리거나 공유하는 형태로 경제 활동이 이루어진다. 자동차를 소유하지 않더라도 우버와 리프트 같은 플랫폼을 통해 차량 서비스를 이용할 수 있다. 에어비앤비 또한 개인이 자신이 소유한 집이나 방을 단기간 임대해 수익을 창출하도록 돕는다. 긱워커와 공유경제는 디지털 플랫폼을 중심으로 긴밀하게 연결되어 있다. 공유경제는 긱워커들에게 새로운 일자리와 수익 창출의 기회를 제공하고, 긱워커들은 공유경제 플랫폼을 통해 자신의 자산이나 서비스를 제공하며 수익을 창출할 수 있다. 디지털 기술의 발달로 플랫폼 종사자, 긱워커의 숫자는 앞으로도 지속적으로 증가할 수밖에 없다.

다만 긱이코노미는 전통적인 경제 구조와 노동시장에 변화를 가져오며 더 많은 사람에게 새로운 기회를 제공하지만, 동시에 고용 안정성, 사회적 보호 등의 문제를 야기한다. 실제 대부분의 긱워커와 플랫폼 노동자들은 정규직 노동자들이 누리는 사회적 혜택, 예를 들어 건강보험, 퇴직금, 실업급여 등의 혜택을 받지 못한다. 이는 이들이 경제적 위기에 취약해질 가능성을 높이고, 특히 질병이나 사고로 일할 수 없게 되는 경우 상대적으로 큰 어려움을 겪게 할 수 있다. 코로나19가 끝나가며 배달업 종사자들이 더 이상 고소득을 올리

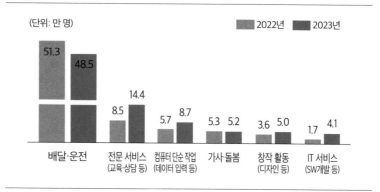

| 주요 플랫폼 종사자 직종별 규모 |

(단위: 만 명)   ■ 2022년 ■ 2023년

배달·운전: 51.3 / 48.5
전문 서비스 (교육·상담 등): 8.5 / 14.4
컴퓨터 단순 작업 (데이터 입력 등): 5.7 / 8.7
가사·돌봄: 5.3 / 5.2
창작 활동 (디자인 등): 3.6 / 5.0
IT 서비스 (SW개발 등): 1.7 / 4.1

출처: 고용노동부

지 못하고 있는 경우도 하나의 예다.

고용노동부와 한국고용정보원이 최근 발표한 〈2023년 플랫폼 종사자 실태조사〉에 따르면 지난해 전체 플랫폼 종사자의 월평균 총수입은 272만 1,000원이고 이 중 플랫폼을 통해 번 수입은 145만 2,000원에 불과하다. 1년 전인 2022년 총수입은 267만 3,000원이었으며 플랫폼 노동 한정으로는 146만 4,000원이다. 즉 이들의 총수입은 1년 새 4만 8,000원 늘었으나 정작 플랫폼 일자리 수입은 1만 2,000원 감소했다.

플랫폼 일자리 수입이 전체의 50% 이상을 차지하거나 주당 20시간 이상의 노동을 하는 주업형의 경우, 2022년 비중이 57.7%였으나 지난해 55.6%로 크게 줄었다. 이에 배달 운전 종사자는 지난 2021년 50만 2,000명, 2022년 51만 3,000명으로 늘다가 지난해 48만 5,000명으로 집계되며 전년 대비 5.5% 줄었다. 코로나19의 세계적 확산이 끝나며 배달 수요가 감소한 탓이다.

또한 긱워커와 플랫폼 노동자들은 법적으로 자영업자로 분류되는 경우가 많아 노동법의 보호를 충분히 받지 못하는 경우가 많다. 최저임금, 근로 시간 제한, 휴식 시간 등의 기본적인 노동권이 보장되지 않는 경우도 있으며, 이는 과도한 노동과 건강 문제로 이어질 가능성이 높다.

무엇보다 플랫폼 노동자들은 주로 특정 디지털 플랫폼에 의존해 일자리를 얻기 때문에 플랫폼의 정책 변화에 크게 영향을 받는다. 플랫폼이 수수료를 인상하거나 알고리즘을 변경해 노동자의 노출을 줄이는 경우, 수익이 급격히 감소할 수 있다. 플랫폼 노동자들이 스스로 노동 조건을 통제할 수 없는 상황을 초래하는 것이다.

유연한 근무 시간은 장점이 될 수 있지만 플랫폼 상황에 따라 노동자 노출 빈도가 달라지다 보니, 업무와 생활의 경계를 모호하게 만들어 개인 시간 확보가 어렵다는 단점이 있다. 즉 고용 안정성 부족, 사회적 안전망 미흡, 노동권 보호의 한계, 플랫폼 의존성, 업무와 생활의 경계 모호 등을 이유로 최근 긱이코노미의 문제점은 꾸준하게 거론되고 있다.

분명 긱이코노미는 디지털 기술의 발전, 경제적 불확실성, 노동시
장의 변화, 그리고 노동자와 기업의 가치관 변화가 결합해 탄생한
새로운 경제 모델이다. 전통적인 고용 구조와는 다른 방식으로 경제
활동을 재편성하고 있으며, 앞으로도 기술 발전과 함께 지속적으로
성장할 가능성이 크다. 그러나 고용 안정성, 사회적 보호 등의 문제
를 외면하면, 노동시장과 공동체에 심각한 위협과 함께 지속성 자체
에 의문 부호가 붙을 공산이 크다.

청년층 긱워커 증가에 관한 또 다른 시각

청년층 비중이 높은 긱워커는 프로젝트 기반으로 일하는 경우
가 많아 정규직에 비해 고용 안정성이 낮다. 결과적으로 청년
층이 경제적으로 불안정한 상황에 놓일 수 있다는 우려를 낳
는다. 정규직은 고정된 수입과 복지 혜택을 제공하지만, 긱워
커는 일감이 있을 때만 수입을 얻을 수 있어 장기적인 재정 계
획이 쉽지 않다. 실제 긱워커로 일하는 청년들은 정규직 근로
자들이 누리는 사회적 안전망, 예를 들어 고용보험, 의료보험,
퇴직금 등을 제대로 보장받기 어렵다. 그뿐만 아니라 긱워커
는 다양한 경험을 쌓을 수 있다는 장점이 있지만, 특정 직업

군에서 장기적인 경력을 쌓기 어렵다는 단점이 있다. 장기적으로 청년들이 경력 개발을 통해 전문성을 쌓는 데 어려움을 겪게 할 수 있으며, 결과적으로 직업적 발전에 한계를 느낄 수 있다.

더불어 긱워커들은 종종 불공정한 계약 조건에 노출된다. 예를 들어 플랫폼 노동의 경우, 수수료가 높고 수익이 불안정하며 플랫폼의 정책 변경에 따라 수익이 급격히 줄어드는 등의 문제가 발생할 수 있다. 그 결과 청년층이 경제적으로 착취당할 위험성을 키운다. 이러한 이유들로 인해 청년층에서 긱워커가 증가하는 현상을 긍정적으로만 볼 수 없는 상황이 존재하며, 사회적 안전망 강화와 정책적 지원이 필요하다는 의견이 제기되고 있다.

Chapter 3

디지털 컨슈머

　　　　　　　　　　디지털 시대는 인터넷과 스마트
폰, 소셜 미디어 등의 기술을 만나 소비자 행동에 큰 변화를 불러왔
다. 소비자의 변화는 정보 접근 방식, 구매 과정, 브랜드와의 상호작
용 등 여러 측면에서 나타나고 있고, 소비자들은 이전보다 더 많은
권한과 정보를 바탕으로 활동하고 있다. 특히 소비자들은 디지털
기술의 발전으로 다양한 정보에 쉽게 접근할 수 있게 되었고, 소셜
미디어 덕에 소비자들이 브랜드와 직접 소통하는 경우도 늘어났다.
　최근의 소비자들은 개인화된 경험을 선호한다. 소비자가 자신의
취향과 요구에 맞춘 제품이나 서비스를 제공받기를 기대한다는 의
미다. 이러한 변화는 기업과 브랜드에 새로운 전략을 채택하고, 소
비자와의 관계를 재정립하는 것을 요구한다. 디지털 시대의 소비자
는 더 이상 수동적으로 소비하지 않고, 능동적으로 정보를 탐색하

며 자신의 요구에 맞춘 경험을 추구하는 주체로 자리를 잡았다.

나의 침대를
지배한 숏폼

1분 미만 짧은 영상을 뜻하는 '숏폼(short-form)', 이른바 쇼츠 콘텐츠 인기는 갈수록 더 뜨거워지고 있다. 지루할 틈 없는 짧은 영상 시간, 화면만 쓸어 넘기면 다음 추천 영상이 노출되는 재생 방식 덕에 무한 시청으로 이어지는 경우가 많아 '숏폼 중독'을 호소하는 이가 속출할 정도로 그 파급력은 상당하다. 숏폼 인기가 늘면서 숏폼 콘텐츠만 전문으로 하는 크리에이터가 많아졌고, 이제 기업들도 너나 할 것 없이 숏폼 시장에 뛰어들고 있다.

미국의 시장 조사기관 인사이더 인텔리전스가 지난해 18세 이상 미국 성인의 일일 시청 시간을 조사한 결과 넷플릭스는 61.8분, 틱톡은 55.8분, 유튜브는 47.5분으로 나타났다. 숏폼 콘텐츠만 제공하는 틱톡이 30분 정도의 미드폼 콘텐츠 또는 60분 이상의 롱폼 콘텐츠를 선보이는 넷플릭스의 전체 시청 시간을 넘보고 있는 것이다. 미국 빌보드는 숏폼 콘텐츠의 인기를 고려해 새로운 차트까지 만든 상태다.

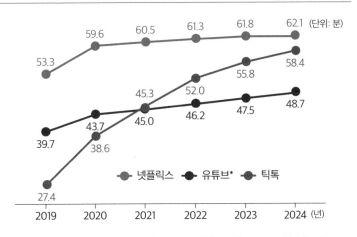

* 참고: 각 플랫폼에 한 달에 한 번 이상 접속하고 시청하는 18세 이상. 장치, 멀티태스킹 여부와 관계없이 각 플랫폼에서 소비한 모든 시간을 포함함.

출처: 인사이더 인텔리전스

기본적으로 숏폼은 이름에서 알 수 있듯이 짧은 길이의 비디오나 텍스트로 이루어진 콘텐츠로, 모바일 환경에서의 소비를 목적으로 설계되었다. 스마트폰과 태블릿의 보급은 사람들이 언제 어디서나 콘텐츠를 소비할 수 있는 환경을 만들었고, 모바일 데이터와 와이파이의 확산은 비디오와 이미지 기반 콘텐츠의 소비 증가에 영향을 미쳤다. 5G 네트워크가 활성화된 우리나라를 비롯해, 선진 시장 내 확산 속도는 더욱 두드러졌다. 특히 페이스북, 인스타그램, X, 틱톡과 같은 소셜 미디어 플랫폼은 사용자들이 간편하게 콘텐츠를 공유하고 소비할 수 있는 공간을 제공했다. 이러한 플랫폼들은 알고리즘을 통해 짧고 강렬한 콘텐츠를 사용자들에게 추천함으로써 숏폼 콘텐츠의 확산을 촉진했다.

계기가 된 것은 역시 코로나19다. 비대면의 일상화로 스마트 기기로 시간을 보내는 일이 많아졌고 자연스레 폭발적인 콘텐츠 증가로 이어졌다. 현대 소비자들이 긴 콘텐츠를 볼 시간과 집중력이 빠르게 줄어드는 것 또한 원인이다. 숏폼 콘텐츠는 짧은 시간 안에 핵심적인 정보를 얻고자 하는 소비자들의 요구를 충족시키며 더욱 인기를 끌고 있다. 이러한 소비 행태는 앞으로 더욱 확장될 가능성이 크다.

대표적인 흥행 사례인 틱톡의 경우, 사용자의 창의성을 자극하는 도구와 간단한 영상 편집 기능, 그리고 강력한 추천 알고리즘을 앞세워 전 세계 숏폼 시장을 집어삼켰다. 틱톡은 트렌디한 음악, 춤, 패션, 유머 등을 통해 젊은 층의 감성을 자극하며, 그들이 직접 콘텐츠를 적극적으로 소비하고 제작할 수 있도록 판을 깔아주었다.

특히 틱톡의 알고리즘은 사용자의 시청 습관을 분석해 개인화된 콘텐츠를 제공하며, 사용자는 자신이 선호하는 콘텐츠를 쉽게 발견할 수 있다. 또한 틱톡의 챌린지는 사용자의 참여를 유도하며, 바이럴 콘텐츠 생성에 큰 역할을 하고 있다. 특정 주제나 동작을 따라 하

| Part 3 | 디지털 노동의 시대

는 챌린지는 사용자가 직접 콘텐츠를 생성하고 공유하게 만들어 빠르게 바이럴되어 전 세계적으로 유행을 불러왔다.

더불어 틱톡은 사용자가 콘텐츠를 소비하는 데 그치지 않고, 서로 소통하고 협업할 수 있는 다양한 소셜 기능을 제공하는 것이 특징이다. 듀엣 기능은 다른 사용자의 영상을 기반으로 새로운 콘텐츠를 만들 수 있게 해 사용자 간의 상호작용을 촉진한다. 또한 댓글, 좋아요, 공유 등의 기능은 사용자가 콘텐츠에 반응하고, 더 많은 사용자에게 도달할 수 있도록 돕는다. 틱톡의 커뮤니티 중심의 기능들은 강력한 사용자 커뮤니티를 형성하는 데 기여했다.

틱톡의 성공 이후, 숏폼 플랫폼 후발주자들의 경쟁도 거세다. 네이버는 지난해 8월 '클립'이라는 이름으로 짧은 동영상을 유통하는 채널을 만들었다. 네이버는 후발주자인 만큼 올해에만 크리에이터 모집 등에 37억 원(상반기 12억 원, 하반기 25억 원)의 자금을 투입했다. 특히 올해 하반기에만 2,000명의 크리에이터를 모집 중이다.

인스타그램 릴스의 경우 '릴스 플레이' 보너스 프로그램을 통해 릴스 재생 횟수, 릴스 개수 등에 따라 금전적 보상이 이루어지는 프로그램을 시범 운영했다. 그러나 올해 3월 미국, 인도에 이어 한국에서도 중단한 상태다. 다만 이후 릴스 외에 단일 이미지까지 포함해 수익을 올릴 수 있는 '인스타그램 보너스 프로그램'을 우리나라, 일본, 미국을 중심으로 한시 운영하고 있다. 또한 기프트(스타) 보내기를 통해 후원금을 받을 수 있는 채널도 운영하고 있어 사용자들의 참여 동기를 끌어올리는 중이다.

유튜브의 경우, 크리에이터를 대상으로 '유튜브 파트너 프로그램(YPP, YouTube Partner Program)'을 통해 광고 수익부터 멤버십, 쇼핑 등의 수익 창출 기회를 제공하고 있다. 작년 2월부터 YPP에 가입한 모든 크리에이터들에게 쇼츠 피드 사이에 광고를 끼워 넣고 해당 광고 수익을 모든 YPP 크리에이터에게 배분하고 있다. 300만 개 채널(3월 기준)이 YPP에 가입하고 있는데 이 중 4분의 1 이상이 쇼츠를 통해 수익을 내고 있다.

이러한 고객 변화에 맞춰 국내 기업들은 쇼츠를 활용해 브랜드와 제품을 짧고 강렬하게 홍보하는 데 주력하고 있다. 기존 유튜브 이용자를 대상으로 새로운 쇼츠 영상이 공급되고 있고, 특히 기업들은 이를 적극적으로 활용 중이다. 예컨대 삼성전자, 현대자동차, LG전자 등 유수의 대기업들은 유튜브 쇼츠를 통해 젊은 소비자층과의 소통을 강화하고, 브랜드 인지도를 높이고 있다.

텍스트 기반 숏폼도 각광을 받고 있다. X(구 트위터)의 트윗, 인스타그램의 캡션, 페이스북 상태 업데이트 등이 이에 해당한다. 간결한 텍스트로 핵심 메시지를 전달하며, 이모지, 해시태그, 링크 등을 포함해 메시지의 확산을 돕고 있다. X의 성공은 그 간결함에 있다. 사용자들은 긴 글을 읽을 필요 없이 한눈에 중요한 정보를 파악할 수 있고 해시태그를 통해 특정 주제에 대한 대화를 쉽게 찾아볼 수 있으며, 전 세계적으로 동시에 발생하는 문제에 대해 빠르게 반응할 수 있다. 특히 정치, 뉴스, 엔터테인먼트 등의 분야에서 X는 실시간 소통의 중심이 되어, 각종 이벤트와 관련된 의견이나 정보를 빠르게 확산시키는 데 중요한 역할을 하고 있다.

숏폼 콘텐츠의 미래는 개인화된 경험과 깊은 연관이 있다. AI 기술 발전에 따라 사용자의 관심사와 행동 패턴을 분석해 만든 맞춤형 콘텐츠는 더욱 늘어날 것이다. 또한 숏폼은 앞으로도 기업의 마케팅 전략에서 중요한 역할을 할 것이다. 짧고 임팩트 있는 콘텐츠는 브랜드 메시지를 효과적으로 전달하는 데 유리하며, 소셜 미디어에서의 확산 가능성이 크다. 특히 제품 출시나 이벤트 홍보에서 간결한 영상 및 텍스트를 활용해 빠르게 정보를 전달하고 소비자의 즉각적인 반응을 유도할 것으로 보인다.

쿠팡보다 무서운
C-커머스의 등장

올해 국내 이커머스 시장의 주인공은 바로 'C-커머스'라 불리는 중국계 사업자들이다. 알리익스프레스와 테무, 쉬인 등의 중국발 온라인 쇼핑 플랫폼은 초저가 상품을 앞세워 국내시장을 집어삼켰다. 실제 모바일 빅데이터 플랫폼 모바일 인덱스에 따르면 이미 두 서비스의 합산 이용자는 1,000만 명을 넘어섰다. 올해 5월 기준 국내 플랫폼 사용자 수는 1위 쿠팡, 2위 알리, 3위 11번가, 4위 테무 순이다. 이미 중국계 이커머스는 국내 온라인 쇼핑 시장의 중심으로 거듭났다.

단순히 이용자만 많은 것이 아니다. 지난해 국내 온라인 해외 직접 구매액은 6조 7,567억 원으로 전년 대비 27% 증가했으며 이 중 C-커머스 매출은 전체의 48.7%(3조 2,873억 원)를 차지한다. 불과 2년

| 커지는 C-커머스 매출액 |

• 2023년 10월 매출액을 100으로 놓고 지수화

─○─ K-커머스: 국내 온라인 쇼핑몰
─○─ C-커머스: 알리익스프레스·테무

출처: BC카드

사이 2배 이상 급증한 것이다.

올해는 이보다 훨씬 큰 규모의 직구 규모가 중국 시장의 몫일 가능성이 높다. 업계에서 추정하는 지난해 글로벌 온라인 유통산업 시장 규모는 약 5조 7,840억 달러, 연평균 성장률은 14.6%이다. 같은 기간 중국의 주요 온라인 유통 사업자의 연평균 성장률은 41%에 육박한다.

비단 우리나라만의 일이 아니다. 알리와 테무는 북미와 유럽에서도 아마존을 위협하고 있으며, 쉬인은 자라와 H&M을 넘어 세계 최대의 패스트 패션 브랜드로 자리 잡았다. 이렇게 중국 플랫폼이 적극적으로 해외시장에 나온 건 중국 내수시장이 침체기에 접어들었기 때문이다. 과잉 생산된 상품을 판매하고 공장을 계속 가동하는 것이 재고를 쌓아두는 것보다는 낫기에 덤핑에 가까운 가격으로 글로벌 소비자를 유혹하고 있다. 동시에 전 세계 곳곳에서 이용자 점유율을 높이며 새로운 플랫폼으로 부상할 기회를 찾고 있다.

주요 사업자를 살펴보면 중국계 이커머스의 대장이라 불리는 알리익스프레스는 알리바바 그룹 계열의 온라인 쇼핑 서비스로, 한국 소비자를 가장 많이 보유하고 있다. 알리는 고객 리뷰 시스템을 통해 소비자들이 구매 전에 제품의 품질과 판매자의 신뢰도를 확인할 수 있도록 구축했다. 중국 서비스 특유의 낮은 신뢰도 문제를 리뷰 시스템을 통해 극복한 것이다. 또한 알리는 소비자들이 안심하고 쇼평할 수 있도록 구매 보호 프로그램을 운영하고 있다. 이 프로그램은 소비자가 제품을 받지 못하거나, 받았지만 설명과 다른 경우에 환불을 받을 수 있도록 보장하는 제도다.

테무는 중국의 전자상거래 업체인 핀둬둬 산하의 쇼핑 플랫폼으로, 지난해 7월 국내에 상륙해 빠르게 성장세를 보이고 있다. 최근에는 국내 홍보 대행사를 선정하는 등 한국 시장에서 영향력을 확대하려는 의지가 엿보인다. 3위 사업자로 불리는 쉬인은 중국의 온라인 패스트 패션 쇼핑몰 기업으로, 저렴한 가격대의 의류를 빠르게 생산하고 판매해 시장에 안착했다.

이들의 공통점은 결국 가격 경쟁력으로 좁혀진다. 중국은 수많은 제조공장을 보유하고 있으며 우리나라 대비 인건비가 확연히 낮다. 중국 현지의 제조업체와 손을 잡고 플랫폼에서 주문이 들어오는 즉시 공장에 있는 제품을 판매하며, 중간 유통을 거치지 않는 만큼 가격이 더 저렴하다. 수많은 공장에 쌓여 있는 악성 재고를 최저가로 판매하는 경우도 적지 않다.

이들의 공격적인 마케팅 전략에도 주목해야 한다. 알리는 최소 금액 및 최소 수량 없이 과감한 저가 내지는 무료 배송 서비스를 제공하며 국내 소비자들의 마음을 잡았다. 테무는 소비자가 상품을 구매한 이후에 해당 제품을 할인하는 경우, 가격 조정을 통해 고객에게 크레딧을 제공한다. 또한 게임과 같은 이벤트를 제공해 사용자를 끌어들이고 있다. 예컨대 사이트에 접속하면 룰렛 게임을 이용해 할인 쿠폰을 제공하고, 물고기를 키워서 목표치에 도달하면 사용자가 직접 고른 선물을 무료로 받을 수 있는 '피쉬랜드' 게임이 대표적이다.

그간 중국 이커머스 서비스에 대한 우리 국민들의 이미지는 좋지 않았다. 중국 직구로 인한 소비자 피해에 대한 실질적 구제 장치가 전무하고, 중국 직구 플랫폼 대비 국내 판매자의 역차별 상황이 지속된 터라 실제 시장 파급력은 그동안 큰 힘을 발휘하지 못했다. 특히 가격이 매우 저렴한 제품일수록 품질이 떨어지는 경우가 많았으

| 중국 이커머스별 한국 시장 진출 전략 |

구분	주요 내용	예상 투자 비용
알리	물류센터 건립	2,636억
	한국 중소브랜드 해외 판매 지원	1,318억
	한국 판매자(수수료 면제) 지원	1,000억
	고객서비스센터 개설(300명 상담사)	1,000억
	지식재산권 보호	100억
	직구 90일 내 무조건 환불	
테무	무료 반품	
	최저가 보장 및 차액 환불	
	구입 후 90일 이내 전액 환불	
쉬인	한국어 서비스(외국어 리뷰 번역, 반품 등)	

출처: 각 사

며, 소비자들은 기대에 못 미치는 제품을 받게 되는 경우가 종종 있었다. 품질 문제는 저렴한 가격에 이끌려 구매했지만, 실망으로 이어지는 경우가 많았다.

무엇보다 초기 중국 이커머스 플랫폼을 이용하는 소비자들은 긴 배송 시간에 불만을 가지는 경우가 많았다. 해외에서 배송되기 때문에 일반적으로 2주에서 한 달 이상 걸리는 경우도 많았으며, 긴 대기 시간은 소비자들에게 불편함을 초래했다. 빠른 배송에 익숙한 한국 소비자들에게 큰 단점으로 작용했고, 배송 관련 문제가 생겨도 대응법이 많지 않았다. 언어 장벽과 복잡한 절차로 인해 소비자들이 불만을 표출하더라도 해결이 늦어지는 경우가 많았으며, 이로 인해 중국 이커머스 플랫폼에 대한 신뢰도는 없는 것과 다름없었다.

그러나 지난해 말부터 국내 이커머스 소비자들의 반응이 달라지기 시작했다. 지금도 중국 이커머스 플랫폼의 가장 큰 장점은 저렴한 가격이고, 국내 소비자들이 중국 플랫폼을 이용하는 주된 이유는 같은 제품을 훨씬 더 저렴하게 구매할 수 있어서다. 중국은 대규모 생산 인프라와 저렴한 인건비 덕분에 가격을 낮출 수 있었고, 이는 경제적 부담이 큰 소비자들에게 큰 매력으로 작용했다. 팬데믹 이후 경제적 어려움을 겪는 소비자들이 늘어나면서, 가격에 민감한 소비자들이 저렴한 중국산 제품을 찾게 되었다. 전 세계가 코로나19 유동성이 사라진 이후 불황형 소비로 돌아선 영향이 크다.

최근 몇 년 동안 중국의 물류 시스템이 크게 발전한 덕도 있다. 알리바바의 '차이냐오'와 같은 혁신적인 물류 네트워크는 전 세계로 빠르고 저렴하게 배송을 가능하게 했다. 차이냐오는 알리바바가 2013년에 설립한 물류 네트워크로, 투자를 통해 기본 물류 시설과 배송 능력을 개선한 것이 특징이다. 이미 중국 내 주요 도시를 모두 커버하며, 익일 오전 배송, 익일 배송, 예약 배송 서비스를 제공 중이다. 전 세계 200개 이상의 국가와 지역을 커버하고 있으며 주에 약 170편의 전세 항공편을 운항하고 있다. 또한 전 세계 60개 이상의 국경 출입국 관리소와 협력해 스마트 통관 시스템을 구축했다. 이러한 노력으로 한국 소비자들도 비교적 빠르게 제품을 받을 수 있게 되었다.

여기에 중국 이커머스 플랫폼은 다양한 상품을 제공하는 것으로 유명하다. 국내에서 구하기 어려운 제품이나 유니크한 상품을 쉽게 찾을 수 있다는 장점이 있으며, 특히 최신 트렌드를 반영한 패션, 전자제품, 생활용품 등의 다양한 카테고리 제품을 통해 차별화를 띄웠다. 이뿐만이 아니다. 국내 이커머스 플랫폼에서 보이던 국내 주요 유통사 제품도 중국 플랫폼에서 더 싸게 구입할 수 있다는 점도 이용자 증대의 한몫을 차지한다. 대표적으로 국내 식품업계 1위 사업자 CJ제일제당이 올해 3월 알리의 한국 전문 상품관인 'K베뉴'에 입점하기도 했다.

한국산 제품을 받아 다시 해외로 나아가는 사례도 목격된다. 실제 알리는 향후 3년간 한국 시장에 무려 1조 5,000억 원을 투자하겠다고 밝힌 상태다. 국내 소비자 공략 의도 외에도 셀러와 브랜드를 모아 해외로 진출하기 위한 포석인 셈이다. 이처럼 중국 이커머스 플랫폼 국내 공습이 국내시장에 악영향만 주는 것은 아니다. 알리익스프레스와 테무와 같은 플랫폼을 활용한 국내 기업들 사례도 늘어나고 있어서다.

플랫폼 기술의 발전은 국경을 넘나드는 새로운 행태의 이커머스 시장을 열었다. C-커머스의 공세는 우리만의 문제가 아니다. 실제 세계 각국의 커머스 플랫폼들은 국경을 넘나들며 경쟁하고, 이들을 통해 셀러와 브랜드 역시 새로운 기회를 찾고 있다. 우리나라의 네이버가 C2C 패션 커머스 '포시마크'를, 쿠팡이 세계 최대의 명품 커머스 '파페치'를 인수한 것이 대표적 사례다.

무엇보다 국내 유통시장은 이제 포화 상태에 이르렀다는 분석이 지배적이다. 지난해 우리나라 전체 소매 판매액 중 온라인 쇼핑 거래액이 차지하는 비중은 35.8%다. 지난 2019년 당시 28.6%였던 이 비중은 코로나19가 시작된 이듬해 33.6%까지 껑충 뛴 후 수년째 30%대 중반에서 제자리걸음을 하고 있다. 반면 한류 열풍과 맞물려 해외시장에서 한국 상품 경쟁력은 나날이 높아지고 있다. 뷰티 제품 외에도 한국 드라마에 자주 노출되는 라면, 스낵 등도 현지에서 인기가 상당하다.

결국 중국 이커머스 사업자를 무조건 배척하기보다 활용하는 선택이 필요한 시점이다. 위기와 기회가 혼재된 것이다. 앞으로 더 많은 기업이 과감하게 도전하고, 또 그 과정에서 국내 플랫폼의 경쟁력을 끌어올리며 생태계 전반의 시너지를 꾀해야 하는 시기다.

C-커머스의 최대 고객 미국인들의 인식은 어떨까?

미국 소비자들은 중국 이커머스에 대해 저렴한 가격과 다양한 제품 선택이라는 장점에 긍정적인 반응을 보이고 있다. 특히, 쉬인과 같은 플랫폼은 빠르고 저렴한 배송과 트렌디한 제품으로 젊은 소비자들 사이에서 인기가 높다. 또한 중국계 SNS인 틱톡과 결합된 쇼핑 경험을 통해 중국 사업자에 대한 부정적 인식을 빠르게 지워내고 있다.

중국 이커머스 플랫폼의 적극적인 마케팅과 성장으로 인해 아마존과 같은 미국 내 대형 이커머스 기업들도 경쟁에 직면했다. 실제 테무와 쉬인은 미국 시장에 막대한 광고비를 투자하며 시장 점유율을 확대하고 있다.

다만 우리나라와 마찬가지로 미국 내에서도 중국 이커머스 기업의 신뢰와 품질, 데이터 보호 문제에 대해서는 여전히 우려를 갖고 있다. 미국의 주류 소비층에선 여전히 개인 정보가 안전하게 보호되지 않을 수 있다는 점에서 신뢰를 갖지 못하는 인식이 많아, 중산층 이하 자산군에서 중국 이커머스를 선호한다는 분석이 지배적이다.

또한 미국 당국은 중국 이커머스를 견제하기 위한 규제 장치를 속속 마련 중이다. 최근 미국 의회에서는 '위구르 강제노동방지법(UFLPA)' 집행을 강화하는 동시에 소액물품 면세 제도의 조정을 검토하고 있다. 중국 이커머스의 주요 생산 거점인 위구르 지역의 규제를 행하는 동시에, 중국에서 오는 물품의 소액 면세를 제한하는 것이 핵심이다.

K-아타리 쇼크로 인한
게임시장의 변화

국내 디지털 산업 중 소비자의 행태가 가장 빠르게 변화한 곳에서 게임산업을 빼놓을 수 없다. 국내 게임시장을 호령하던 대형사들 상당수는 코로나19가 저물며 뒤로 물러나게 되었고, 새로운 기업의 등장으로 시장이 재편된 상태다.

소비자들이 기존 시장을 외면한 결과다.

코로나19가 한창이던 2021년 초 엔씨소프트의 시가총액은 20조 원을 넘겼다. 이 외에도 펄어비스와 카카오게임즈 등 국내 유수의 게임사들의 시가총액은 국내 굴지의 대기업들을 넘어서기도 했다. 이들은 모두 공통으로 'Pay-to-Win'이라 불리는 동일한 비즈니스 방식의 게임을 운영했다. 플레이어가 게임 내에서 유리한 위치를 차지하기 위해 돈을 지불해야 하는 시스템으로, 고급 아이템이나 캐릭터 강화 요소를 과금으로 획득할 수 있게 설계되었다. 게임에서 수억 원을 지출하는 이들도 적지 않았던 만큼 이 모델은 게임사들에 막대한 수익을 안겨주었다. 시간이 지나면서 과금 유도가 점점 더 공격적으로 변했다.

그리고 코로나19가 잦아들며 기술주 버블이 가라앉기 시작했고 국내 게임주의 시가총액 또한 빠르게 빠졌다. 이에 국내 게임사들은 더욱 경쟁적으로 MMORPG(Massively Multiplayer Online Role-Playing Game) 게임을 내놓으며 수익성을 강화하려 했다. 시장에 유동성이 충만하던 코로나19 당시 국내 게임시장의 중심은 Pay-to-Win 방식의 과금형 MMORPG였고, 소비자들도 큰 불만을 드러내지 않았다. 게임에 큰돈을 지불해도 고급 취미로 인식하는 경우가 많았고 여기에 리니지 시리즈로 대표되는 롤플레잉 게임들이 모바일로 이동해 시장의 규모를 더욱 키웠다.

그러나 이제는 대다수의 이용자가 시장을 떠났다. 이를 두고 시장에선 K-아타리 쇼크라고 부르기도 한다. 1980년대 초반, 수많은 게임 회사가 미국 시장에 우후죽순처럼 등장하면서 게임시장에 과잉 공급이 발생했고, 대표주자로 꼽히는 게임사 '아타리'로 인해 이용자들은 게임시장을 일제히 떠났다. 아타리가 짧은 시간 내에 많은 게임을 출시하기 위해 게임 개발 과정에서의 품질 관리를 소홀히 한 탓에 시장의 신뢰를 잃은 것이다. 이 때문에 1980년대 미국 최대 게임사였던 아타리는 2년이라는 시간에 걸쳐 빠르게 붕괴했다. 1년 6개월간 손실액 규모는 10억 달러에 달하며 미국 비디오 게임시장이 한동안 재기를 꾀하지 못할 만큼 시장에 큰 충격을 안겼다.

계기가 된 원인은 다르나 지금의 국내 게임시장도 아타리 쇼크와 크게 다르지 않다. 현재 엔씨소프트의 시가총액은 8월 기준, 4조 원대에 불과하다. 고점 대비 4분의 1가량이 무너졌다. 더 큰 문제는 게임 이용자들 상당수가 시장을 떠났다는 점이다. 엔씨소프트 주가 폭락의 계기가 된 것은 지난 2021년 8월, 새로운 MMORPG 게임 '블레이드&소울2'의 등장이다. 당시 8월 25일에 주당 83만 원이었던 엔씨소프트 주가는 이틀 뒤인 8월 27일 65만 9,000원까지 폭락했으며, 그 이후로도 하락세는 계속 이어졌다.

게임업계 1위 대기업의 기대작이 새롭게 출시되었는데 주가가 대폭락한 전례 없는 사건이었다. 특정한 문제가 새롭게 발생한 것이 아닌 그동안 엔씨소프트에 누적되어 온 불만과 우려가 신작 출시를 기점으로 폭발한 것이다. 코로나19 이후 엔씨소프트는 새로운 유저를 확장하지 않고 오로지 인당 과금액을 늘리는 데 주력했다. 이는 결국 시장의 외면을 키웠다. 과금형 MMORPG를 주로 개발하고 유통한 여타의 게임사들 또한 비슷한 분위기로 흘러갔다.

기본적으로 국내 MMORPG 게임은 무료로 게임을 즐길 수 있지만, 아이템 구매나 캐릭터 강화와 같은 요소에서 과금을 유도하는 비즈니스 모델이 일반적이다. 특히 경쟁에 목말라하는 국내 이용자들의 특성이 게임에도 고스란히 반영되어 높은 금액을 지불해야만 강력한 아이템을 얻거나, 게임에서 경쟁 우위를 점할 수 있게 된 상황이 잇따랐다. 코로나19가 끝나고 비대면의 일상화가 마무리될 때쯤 많은 이용자가 게임의 공정성에 대해 의문을 가지기 시작했고 이는 게임 경험의 저하로 이어졌다. 국내 게임사들이 단기 수익에 몰두해 유사한 MMORPG 게임들을 시장에 내놓자 이용자들은 시장을 외면했다. 한때 100만 명에 달하던 국내 모바일 MMOPRG 이용자는 이제 5분의 1 수준으로 쪼그라든 상황이다.

아타리 쇼크와 국내 과금형 MMORPG 시장이 겪고 있는 위기는 몇 가지 공통된 원인을 가지고 있다. 아타리 쇼크와 마찬가지로 국내 MMORPG 시장도 과도한 상업화가 주요 원인 중 하나다. 게임의 재미와 품질보다 수익 창출에 집중하면서 소비자들의 신뢰를 잃게 되었고, 이는 결국 소비자 이탈로 이어졌다.

MMORPG 붕괴 이후 국내 게임시장은 큰 변화를 겪고 있다. 닌텐도, 플레이스테이션, 엑스박스로 대표되는 콘솔 게임기, 스팀으로 대표되는 전 세계 디지털 패키지 시장을 경험한 MZ 세대의 등장이 변화의 속도를 높이고 있다. 이들은 국내 게임시장을 지배한 과금형 MMORPG를 외면하고 적은 비용으로 게임을 즐기는 방식에 주목한다.

대표적인 사례가 장르의 다변화다. MMORPG가 주도하던 국내 게임시장은 이제 다양한 장르의 게임들이 부상하면서 다변화되고 있다. 살아남는 것이 핵심인 배틀로얄, MOBA, 캐주얼 게임, 손을 놓고도 쉽게 즐길 수 있는 방치형 RPG, 더불어 퍼즐 게임 등이 인기를 끌며, 게임시장의 주요 장르로 자리 잡았다. 빠르고 간단한 게임 플레이를 통해 높은 접근성을 제공하며, 짧은 시간 안에 즐길 수 있다는 것이 특징이다. 과금 역시 기존 MMORGP와 비교하기 어려울 만큼 부담이 적다.

특히 캐주얼 게임은 국내 게임시장에서 큰 인기를 끌고 있다. 간단한 조작법과 짧은 플레이 타임을 특징으로 하는 캐주얼 게임은 출퇴근 시간이나 잠깐의 여유 시간에 즐길 수 있어 현대인의 라이프스타일에 잘 맞는다. 이러한 게임들은 복잡한 스토리나 긴 플레이 타임을 요구하지 않기 때문에 많은 플레이어가 선호하는 게임 장르로 부상했다.

e스포츠 역시 MMORPG의 하락세와 동시에 빠르게 성장한 분야 중 하나다. 리그 오브 레전드, 배틀그라운드, 오버워치와 같은 게임들은 국내뿐만 아니라 전 세계적으로 큰 인기를 끌며, e스포츠 대회의 중심이 되었다. 높은 경쟁성, 빠른 게임 진행, 그리고 팀 기반 전략으로 플레이어들과 관객들에게 큰 흥미를 제공하는 것이 특징이다. 국내 e스포츠 시장은 프로 리그와 각종 대회의 확산으로 더욱 성장하고 있다. 리그 오브 레전드 챔피언스 코리아(LCK)와 같은 프로 리그는 국내외에서 큰 인기를 끌고 있고 다양한 기업들이 e스포츠 대회 후원을 통해 브랜드 인지도를 높이며 젊은 소비자층을 공략하는 마케팅 전략을 펼치고 있다.

국내 MMORPG 시장의 붕괴 이후, 게임시장은 다양한 변화와 함께 새로운 방향으로 발전하고 있다. 모바일 게임의 다변화, 서브컬처 게임과 e스포츠의 성장 등은 침체한 국내 게임시장을 새롭게 재편하고 있다. 이러한 변화는 게임산업이 지속적으로 성장하고, 새로운 기회와 도전을 맞이할 수 있는 토대를 마련하고 있다. 가장 중요한 것은 소비자의 외면을 받지 않고 꾸준히 사랑받는 것이다. 앞으로도 국내 게임시장은 새로운 트렌드를 만나 거듭 진화해 나갈 것이다.

TECHNOVATION

디지털 자산이 일으킨
금융 혁명

우리는 자산의 개념과 금융의 미래를 근본적으로 변화시키는 새로운 시대의 문턱에 서 있다. 특히나 비트코인의 탄생 이후 자산의 형태와 가치를 재정의하게 되었다. 비트코인과 같은 '가상자산'은 처음에는 혁신적인 기술 실험이나 투기의 수단으로 여겨졌지만, 이제는 점차 '디지털 자산'이라는 새로운 경제적 개념으로 자리 잡고 있다. 이는 단순한 명칭의 변화가 아닌 금융 시스템 전반에 걸쳐 일어나는 근본적인 전환을 의미한다.

비트코인은 블록체인 기술의 산물로써 전통적인 금융 시스템 밖에서 작동하는 탈중앙화된 디지털 화폐. 중앙은행이나 정부의 통제를 받지 않으며, 그 가치는 완전히 시장 참여자들의 신뢰와 수요에 의해 결정된다. 이러한 혁신적인 특성은 비트코인을 대안적 자산으로 떠오르게 했으며, 등장 초기에는 기술 애호가들과 투자자들 사이에서 큰 관심을 끌었다. 시간이 지나면서 비트코인은 점차 가상자산의 대표주자가 되었고, 이후 수많은 알트코인이 그 뒤를 따랐다. 이젠 비트코인을 필두로 알트코인의 대표주자인 이더리움까지 대중적 자산으로 진화했다.

금융사들의 모바일 전환 역시 디지털 자산의 대중화와 연관이 깊다. 전통적인 금융기관들은 디지털 혁신을 통해 더 많은 고객에게 다가가기 위해 모바일 플랫폼을 강화하고 디지털 자산을 포함한 다양한 금융상품 서비스를 제공하고 있다. 금융권의 변화는 디지털 자산을 더욱 쉽게 관리하고 거래할 수 있는 환경을 조성해, 디지털 자산의 사용을 일반 대중에게로 확산시키는 데 중요한 역할을 한다. 디지털 자산은 이제 단순히 기술 애호가들의 관심사에 머무르지 않는다. 금융의 미래를 이끌어가는 새로운 물결이 되어 전 세계 경제에 영향을 주고 있다.

Chapter 1

새로운 바람,
디지털 자산 ETF

비트코인
현물 ETF 시대

코인 시장의 위치를 가상에서 디
지털로 끌어올린 비트코인은 실체 없는 투기의 대상이 아니라 당당
히 디지털 금으로 인정받고 있다. 특히 비트코인 현물 ETF의 등장
은 디지털 금융 생태계, 더 나아가 디지털 자본주의 전반에 중요한
의미다. 비트코인 현물 ETF의 승인은 비트코인이 금융시장의 주류
자산으로 인정받는다는 중요한 신호다. 규제 당국의 허가가 필수인
ETF는 더 이상 비트코인이 변방의 자산이 아니라 제도권 금융 시스
템의 일부로 편입되었음을 의미한다. 자연스레 비트코인의 정당성
과 신뢰성을 높이며, 비트코인에 대한 대중의 인식도 크게 바뀌고
있다.

비트코인은 지난 2009년에 등장한 최초의 디지털 자산으로, 당시에는 암호 기반으로 설계된 것이 주목을 받아 암호화폐로 불렸다. 등장 당시부터 암호학자들에게 탈중앙화된 디지털 화폐 시스템을 구현한 혁신적인 금융 기술로 주목을 받았다.

비트코인은 중앙은행이나 정부의 개입 없이 P2P 거래가 가능하다. 이는 사토시 나카모토라는 정체를 드러내지 않는 인물이 제안한 개념으로, 지난 2008년 직접 발표한 백서 〈Bitcoin: A Peer-to-Peer Electronic Cash System〉에서 처음 소개되었다. 그는 2009년 1월 3일 영국의 〈타임〉 기사 제목을 암호화한 뒤 백서에 구현해 중앙화된 금융시장과 이에 따른 금융 위기를 조롱했다. 그리고 법정화폐의 역사는 가치 하락의 역사라고 주장하며 가치 보존을 위해 비트코인 네트워크가 활용되어야 한다고 역설했다.

실제 비트코인의 주요 목적은 중앙기관(은행, 정부 등)의 개입 없이도 신뢰할 수 있는 디지털 거래를 가능하게 하는 것이다. 이를 통해 비트코인은 거래 비용을 줄이고, 거래 속도를 높이며, 기존 금융 시스템의 문제점을 해결하려고 했다.

비트코인의 채굴은 작업증명(PoW, Proof-of-Work) 알고리즘을 사용한다. 작업증명 알고리즘은 문제를 푸는 데 많은 계산 능력을 요구하고 네트워크에 참여하는 채굴자들이 경쟁적으로 문제를 풀게 만든다. 이 과정이 바로 비트코인 네트워크의 보안을 강화하는 핵심 요소다.

비트코인이 다른 코인과 다른 점은 최대 공급량이 2,100만 개로 제한되어 있다는 것이다. 비트코인이 인플레이션 영향을 받지 않도록 설계된 것이다. 비트코인의 공급은 일정한 주기로 반감기(halving)를 거쳐 감소하며, 최종적으로 2,100만 개가 모두 채굴되면 더 이상 새로운 비트코인은 생성되지 않는다. 현재까지 비트코인은 약 90% 가량 채굴되었고, 개발 업계에선 앞으로도 수십 년간 비트코인이 추가 공급될 것으로 보고 있다. 공급 제한은 비트코인을 희소한 자산으로 만들어 장기적으로 가치가 상승할 수 있는 잠재력을 제공한다. 또한 공급량 제한 덕에 비트코인은 디지털 금으로서의 희소성과 인플레이션 대응 자산이라는 위치를 지니게 되었다.

비트코인 생태계의 핵심은 중앙기관의 통제를 받지 않는 탈중앙화된 화폐라는 점으로 개인에게 자신의 자산을 완전히 통제할 수 있는 자율성을 제공한다. 은행이나 정부의 승인 없이도 자산을 보유하고, 전송할 수 있는 능력은 금융의 자유를 추구하는 이들에게 강력한 도구가 된다. 또한 비트코인은 국경을 초월한 글로벌 거래를 가능하게 한다. 인터넷만 있으면 전 세계 어디서든 비트코인을 주고받을 수 있으며, 특히 금융 시스템이 발달하지 않은 지역에 경제적 기회를 제공한다. 금융 접근성이 낮은 지역에서도 비트코인을 통해 금융 서비스에 접근할 수 있게 되어, 금융 포용성을 확대하는 역할을 수행한다. 전쟁으로 인해 금융 시스템에 접근하기 어려운 나라에서도 비트코인은 중요한 자본 축적 수단으로 활용되고 있다.

비트코인의 현물 ETF 시장 진입은 디지털 자본 시대의 중요한 터닝 포인트로 작용하고 있다. 비트코인에 직접 투자하는 것이 아닌 ETF를 통해 간접 투자할 수 있는 간편한 방법을 제공한 것이다. 기술적 지식이 부족하거나 비트코인을 직접 보유하는 것에 부담을 느끼는 투자자들에게 ETF는 비트코인 투자의 문턱을 낮추는 역할을 한다. 또한 기존 금융상품과 동일한 방식으로 거래되므로, 투자자들은 비트코인에 투자하면서도 복잡한 지갑 관리나 보안 문제에 대한 걱정 없이 참여할 수 있다.

동시에 코인에 대한 비판적 시각을 견지해 온 기관 투자자, 자본 시장의 레거시 플레이어들에게 새로운 시대가 열렸음을 알리고 있다. ETF는 비트코인을 보유한 상태에서 거래되므로, ETF가 인기를 끌면 실제 비트코인 수요가 증가하게 된다. 비트코인 시장의 유동성을 높여 가격 안정성에 긍정적인 영향을 미친다. 현물 ETF의 경우 선물 상품과 다르게 운용사들이 직접 비트코인을 보유한 뒤 활용해야 하기에 비트코인에 대한 수요 자체를 크게 늘리고 있다.

2024년 1월, 미국 증권거래위원회의 비트코인 현물 ETF 승인 이후 블랙록과 피델리티, 아크 인베스트먼트 등의 주요 금융기관 자금이 대거 유입되었다. 전통 금융 시스템에 깊이 뿌리내린 ETF의 특성상 비트코인의 유동성이 증가했고 동시에 가격 변동성은 크게 가라앉았다. 더불어 비트코인을 금융 포트폴리오의 일부로 편입하려는 기관 투자자들의 참여가 잇따르고 있다. 현재 비트코인 현물 ETF의 총운용자산은 80조 원으로 비트코인 시가총액의 5.3%까지 불어난 상황이다. 미국의 기관 투자자 포트폴리오(약 6경 원)의 1%만 편입되어도 무려 600조 원의 신규 수요가 창출될 수 있다는 전망도 나오고 있다.

세계 3대 연기금 중 하나인 우리나라의 국민연금(1,100조 원 규모) 역시 최근 간접적으로 비트코인에 투자한 것으로 알려졌다. 무려 비트코인 총공급량의 1% 이상(22만 5,500개)을 보유하고 있는 '마이크로스트래티지'라는 기업에 투자(460억 원)함으로써, 우회적으로 비트코인에 투자한 셈이다.

이제는 주요 국가의 비트코인 보유량도 상당하다. 미국과 중국은 나란히 약 20만 개가량의 비트코인을 보유하고 있고, 전 세계 주요 정부의 비트코인 보유량 총계는 100만 개에 달한다.

비트코인 현물 ETF는 정치권에도 막대한 영향력을 행사하고 있다. 지난 7월 트럼프는 대선 경쟁 과정에서 비트코인을 전략적으로 활용했다. 비트코인을 앞세운 미국의 기술 기업, 월가의 신흥 자본을 자신의 편으로 끌어들이겠다는 포석이다.

트럼프는 7월 말 미국 내슈빌에서 열린 비트코인 콘퍼런스에 참석해 "비트코인을 절대로 팔지 말라"며 "대통령에 당선되면 비트코인을 전략적 국가 비축물(strategic national stockfile)로 보유하고 매각하지 않게 하겠다"고 약속했다. 트럼프는 대통령 재선에 도전하던 2019년 "비트코인과 암호화폐는 가치가 불안정하고 실체가 없어 화폐가 아니고, 마약 등의 불법 활동에 쓰일 위험이 있다"며 규제 정책을 옹호했다. 그러나 비트코인 현물 ETF 시대가 열리고, 미국 대중에게 비트코인 인식이 개선되자 이들의 표를 의식하기 시작했다. 트럼프는 연설에서 "불과 몇 달 만에 2,500만 달러 이상의 크립토 자산 기부가 쏟아졌다"며 정치 자금에서도 코인의 영향력이 적지 않다고 시사했다.

미국 정치 자금에서 가장 중요한 기구인 수퍼정치활동위원회(Super PAC) 중 1위(2024년 8월 22일 기준)는 페어쉐이크로 총 2억 290만 달러를 모금한 상태다. 페어쉐이크의 주요 기부자는 크립토 기업 코인베이스(4,550만 달러), 리플(4,500만 달러), 점프 크립토(1,000만 달러) 등과 업계 거물인 벤처 캐피털리스트 앤드리슨 호로위츠(4,400만 달러)와 윙클보스 형제(500만 달러) 등이다. 코인 투자자의 표뿐 아니라, 비트코인 현물 ETF 승인 후 연일 팽창하고 있는 코인 생태계와 자본시장을 자신의 편으로 끌어들이겠다는 계산이다.

한 가지 더 염두에 두어야 할 것은 비트코인 현물 ETF 시대가 열리며 미국 달러와 코인 시장의 연계가 더욱 짙어졌다는 점이다. 현

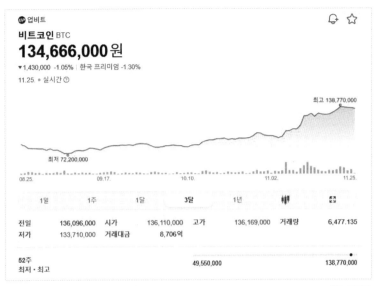

출처: 업비트

재 코인 시장의 거래 도구는 원화, 달러와 같은 법정화폐 외에 스테이블코인이 존재한다. 스테이블코인은 달러와 같은 기존 화폐에 고정 가치로 발행되는 디지털 자산으로 '테더'와 '서클'이라는 회사가 대표적이다. 스테이블코인 사업자는 미국 국채 등 안전 자산을 매수한 뒤 이를 통해 달러 기반의 디지털 자산을 발행하고, 유통하거나 대출해 주는 형태로 코인 생태계 내 자금을 순환시키고 있다. 이 때문에 테더는 미국 국채를 많이 보유한 사업자 중 하나가 되었다. 미국이 자국 자산이 아닌 스테이블코인은 원천 차단한 탓에, 미국은 디지털 금융 시대에도 안정적으로 패권을 이어 나가는 모습이다.

미국 달러가 전 세계 외화보유액에서 차지하는 비중은 60%로 추산된다. 하지만 디지털 자산시장의 교환 수단이라 할 수 있는 스테이블코인 시장에서 미국 달러가 차지하는 비율은 이미 98%에 이르는 것으로 추산된다. 특히 현재 미국의 정부 부채는 무려 27조 3,800억 달러(3경 7,236조 원)로 해마다 예산 편성 시 디폴트 이야기가 나오고 있다. 여기에 중국과 일본 등 국가 단위의 미국 국채 매도 압력 등을 고려하면, 미국 입장에선 달러 패권 유지를 위해서라도 비트코인 중심의 코인 생태계를 유지해야 하는 입장이다.

즉 아이러니하게도 탈중앙 금융을 신봉하며 등장한 비트코인은 미국 중심의 패권을 더욱 강화하는 계기로 작용하고 있다. 비트코인 현물 ETF는 이와 같은 흐름을 더욱 가속화하고 있다. 미국 자산에 기반한 스테이블코인이 글로벌 시장에서 지배적인 위치를 유지할 경우, 미국의 통화 정책과 금융 규제가 국제적으로 더욱 큰 영향력을 갖는다는 것을 의미한다. 예컨대 미국 정부는 자국 자산 기반 스테이블코인의 발행과 운영을 규제함으로써, 글로벌 금융시장에 대한 통제력을 강화할 수 있다.

비트코인은 디지털 자본 시대의 새로운 축으로 거듭났으며 자본 시장의 획기적 변화를 이끌고 있다. 비트코인이 단순히 투기적 자산

| Part 4 | 디지털 자산이 일으킨 금융 혁명

이 아니라, 전체 투자 전략에서 중요한 역할을 할 수 있음을 보여준다. 예컨대 비트코인 현물 ETF는 디지털 자산과 전통 금융자산 간의 연결고리 역할을 맡고 있다. 전통적인 금융 시스템에서 주식이나 채권을 거래하던 투자자들이 비트코인에 투자할 수 있는 다리 역할을 하는 것이다. 그 결과 비트코인과 같은 디지털 자산이 전통 금융 시스템 내에서 더 큰 역할을 할 수 있는 가능성을 열어주고 있다.

더불어 비트코인 현물 ETF는 디지털 경제의 확대를 가속할 수 있다. 비트코인이 ETF를 통해 더 많은 투자자에게 노출되면서, 앞으로 디지털 자산에 대한 관심과 참여가 증가할 것이다. 디지털 경제가 더욱 발전하고 디지털 자산들이 경제 시스템에서 중요한 역할을 차지하게 되는 계기가 될 것이다.

한국에서도 비트코인 현물 ETF가 승인될까?

국내에서도 비트코인 현물 ETF 상품 출시 논의가 활발히 이루어지고 있다. 미국의 비트코인 현물 ETF 승인이 한국 정부에도 영향을 미친 것이다. 금융 당국이 이를 검토하고 있지만, 법적 및 제도적 준비가 선행되어야 한다. 특히 가상자산 투자 보호법과 관련한 규제의 정비가 이루어져야 한다는 게 규제 당국의 입장이다. 특히 ETF 출시 시 금융시장에 미칠 영향과 리스크 관리 방안을 두고 당국 내에서도 이견이 적지 않은 상태다.

현재 국내에선 가상자산 거래에서 투자자 보호를 강화하고 불공정 거래를 규제하는 것을 목표로 하는 '가상자산 이용자 보호법'이 유일하게 실정법으로 효력을 발휘하는 상황이다. 이를 통해 가상자산 거래소와 발행 업체의 룰이 세워진 상태며, 추가적인 입법안을 두고 당국과 정치권 논의가 진행 중이나 구체화된 것은 없다.

특히 가상자산을 실질적인 투자자산으로 격상시키는 구체적인 법령, 취급 업체에 대한 룰과 기업들이 투자할 수 있는 환경 등은 마련되지 않은 상황이다. 여러 부처가 이해관계로 엮여 있는 탓에 쉽게 나아가지 못하고 있다.

다만 비트코인에 한정해 별도의 법안을 통해 현물 ETF로 활용하는 방안이 검토되고 있어, 머지않은 시기 국내 증시에 상장될 가능성도 존재한다.

이더리움 ETF의
시간

비트코인과 더불어 디지털 자산 시장을 양분하고 있는 이더리움은 비트코인의 한계를 극복하기 위해 고안되었다. 비트코인은 주로 디지털 자산시장의 기축통화 역할 내지 인플레이션 대응 자산으로 인식되고 있지만, 이더리움은 블록체인을 다양한 애플리케이션에 적용할 수 있는 범용 플랫폼으로 설계되어 더 많은 활용성을 지니고 있다고 평가받는다.

디지털 금의 위치에 올라선 비트코인의 핵심 가치는 오늘날 위기와 혼란에 더욱 주목받는 대안, 대체 자산이라는 점인 반면, 이더리움은 블록체인 기술, 디지털 자산 산업의 성장이 핵심 가치다. 과거 탈중앙화 금융, 대체불가토큰 바람이 불었을 때 이더리움 가격이 비트코인 대비 강세를 보였던 것이 이를 방증한다. 즉 블록체인 기술의 발전과 디지털 자산 산업의 성장이 이더리움 가격 상승의 가장 큰 동력이라고 할 수 있다. 무엇보다 이더리움이 비트코인과 다른 점은 탈중앙화된 오픈소스 블록체인 플랫폼으로 출발했다는 것이다. 또한 비탈릭 부테린이라는 창립자가 존재해 누가 만들었는지 명확히 알 수 없는 비트코인과 가장 큰 차이를 보인다.

비탈릭은 단순히 화폐 기능을 넘어 블록체인을 더 넓게 활용할 수 있는 방법을 모색했고, 스마트 계약이라는 개념을 중심으로 새로운 블록체인 플랫폼을 만들었다. 이더리움의 목표는 탈중앙화된 방식으로 모든 거래와 계약을 처리할 수 있는 글로벌 컴퓨터(global computer)를 만드는 것이다. 이를 통해 금융, 게임, 보험, 부동산 등 다양한 분야에서 혁신적인 애플리케이션을 개발할 수 있다.

스마트 계약은 이더리움의 중요한 기능 중 하나다. 스마트 계약은 코드로 작성된 자동화된 계약으로, 특정 조건이 충족되면 자동으로 실행된다. 예를 들어, A와 B가 계약을 체결하고 A가 B에게 특정 작업을 의뢰했다면, 작업이 완료된 후 계약에 명시된 대로 B에게 자동으로 대가가 지급된다. 이러한 거래가 성립될 때 수수료가 발생하며 이것이 바로 이더리움 코인이다. 이 모든 과정은 블록체인상에서 투명하게 이루어지며 중개자 없이 신뢰할 수 있는 계약이 가능하다.

이더리움은 원래 비트코인과 마찬가지로 작업증명 알고리즘을 사용해 블록을 생성하고 네트워크의 안전성을 유지했다. 그러나 작업증명 알고리즘은 높은 에너지 소비와 확장성 문제로 인해 비판을 받았다. 채굴 프로그램을 과도하게 돌려 전기세 문제와 환경 오염 비판에 직면한 것이다. 결국 비탈릭은 이더리움 2.0 업그레이드를 띄우고 지분증명(PoS, Proof-of-Stake) 알고리즘으로 전환을 꾀했다. 지분증명 알고리즘은 네트워크 참여자들이 자신의 지분을 통해 블록 생성 권한을 얻는 방식으로, 에너지 효율성을 높이고 네트워크의 확장성을 개선하는 데 기여한다. 더 이상 컴퓨터 채굴 프로그램을 통해 이더리움을 찍어낼 수 없게 되었다.

이 과정에서 등장한 이더리움 스테이킹(Ethereum Staking)은 별개의 시장을 이룰 만큼 큰 성장을 이루었다. 사용자는 스테이킹을 통해 일정량의 이더리움을 예치하고 그 대가로 블록 생성 및 검증에 참여할 수 있는 권한을 얻는다. 이더리움을 일정 기간 네트워크에 잠근(스테이킹) 대가로 보상을 받게 된다. 쉽게 말해 이더리움 생태계의 주주가 되는 것이다. 채굴자가 존재하는 비트코인과의 차별점이다.

스테이킹 보상은 네트워크의 참여율, 스테이킹된 이더리움의 총량, 검증자의 성실도 등에 따라 달라진다. 일반적으로 더 많은 이더리움을 스테이킹할수록 더 높은 보상을 받을 수 있지만, 이는 네트워크의 전체적인 상황에 따라 변동한다. 이더리움 스테이킹에는 여러 가지 방법이 있다. 최소 32개의 이더리움을 보유한 사용자는 직접 검증자가 되어 스테이킹할 수 있다. 이는 가장 높은 보상을 제공하지만, 기술적 지식이 필요하며 모든 리스크를 직접 감수해야 한다.

이에 일종의 펀드처럼 함께 참여해 맡기는 '스테이킹 풀'이 등장했다. 여러 사용자가 이더리움을 모아 함께 스테이킹하고 보상을 나누어 갖는 구조다. 최근에는 코인 거래소들이 이더리움 스테이킹 서비스를 제공하고 있다. 사용자는 거래소에 이더리움을 예치하고 거래소가 대신 스테이킹을 처리하며, 사용자는 이에 따른 보상을 받는 방식이다. 시장에선 이제 은행 또는 전통 금융사들도 스테이킹 시장에 뛰어들 것으로 보고 있다. 이를 가능하게 할 이더리움 현물 ETF 시대가 열렸기 때문이다.

한편, 이더리움은 비트코인과 달리 발행자가 존재하지만 여타의 알트코인과 달리 탈중앙의 신념을 지키고 있다고 평가받는다. 그 이유는 바로 비탈릭이 제기한 블록체인의 트릴레마(trilemma) 즉, 삼중모순 때문이다. 블록체인 네트워크는 확장성(scalability), 보안(security), 탈중앙화(decentralization)의 세 가지 중요한 속성 중 두 가지를 최적화할 수 있지만, 세 가지 모두를 동시에 완벽하게 달성하기는 어렵다.

예컨대 블록체인 내 탈중앙화가 강화되면, 네트워크의 모든 노드가 거래를 검증해야 하므로 처리 속도가 느려지고 네트워크의 확장성이 제한될 수 있다. 또한 보안을 강화하기 위해 탈중앙화를 유지하면 네트워크의 속도가 느려지고, 이에 따라 확장성 문제가 발생할 수 있다. 더불어 높은 보안을 유지하기 위한 자원 소모(예: 작업증명 알고리즘에 필요한 계산력)도 확장성을 저해할 수 있다. 아울러 네트워크의 확장성을 높이기 위해 처리 속도를 향상시키려면, 탈중앙화와 보안을 희생할 가능성이 있다. 트랜잭션(transaction, 가상자산을 참여자 간 전송, 수신할 때 저장되는 거래 기록) 처리 속도를 높이기 위해 블록 크기를 키우거나 중앙화된 검증 방식을 도입하면, 네트워크의 탈중앙화 수준이 낮아지고 보안이 약화할 수 있다.

이더리움은 네트워크의 확장성, 보안, 탈중앙화 사이에서 균형을 잡기 위해 다양한 시도를 하고 있다. 이러한 노력 덕에 이더리움은 오늘날 가장 활발한 블록체인 생태계 중 하나로 자리 잡았다. 다양한 프로젝트와 기업들이 이더리움을 기반으로 새로운 서비스를 개발하고 있으며, 탈중앙화 금융(DeFI), 대체불가토큰 등과 같은 혁신적인 기술들이 이더리움 생태계를 중심으로 발전하고 있다.

이더리움의 성장 덕에 이더리움 현물 ETF의 출시는 상당한 의미를 지닌다. 비트코인이 대중화를 이루자 지난 2023년부터 여러 주요 자산 운용사들이 이더리움 현물 ETF에 대한 신청서를 미국 증권거래위원회에 제출하기 시작했다. 이들 운용사는 이미 비트코인 ETF와 관련한 경험을 갖췄고 이더리움 현물 ETF를 통해 디지털 자산을 더 널리 보급하려는 계획을 세웠다.

2024년 7월 이더리움 현물 ETF 상품이 미국 증시에 상장했다. 이더리움 현물 ETF는 비트코인 현물 ETF의 승인 과정과 대비해 비교적 빠르고 순조롭게 승인되었다. 그러나 이더리움의 특성상 스마트 계약과 네트워크의 복잡성, 그리고 이더리움 생태계의 확장성 문제 등이 추가로 고려되었다. 이 때문에 미국의 규제 당국은 스테이킹 기능을 ETF 상품에서 제외했다. 스테이킹은 지속적인 네트워크 참여, 검증자 역할, 보상 분배 등 복잡한 운영 절차를 수반하지만 이는 현재 자본시장 내 통용되는 증권법을 위반할 소지가 있기 때문이다.

증권으로 간주하는 자산은 미국 증권거래위원회의 규제를 받으며, 이를 규정하는 법적 기준은 '하위 테스트(Howey test)'로 알려져 있다. 하위 테스트 따르면 이더리움 검증자들이 네트워크에 이더리움을 스테이킹하고, 그 대가로 보상을 받는 형태는 증권으로 분류된다. 실제 주식과 비슷한 기능을 한다면, 증권이기 때문에 증권법에 따라 이더리움 거래 시장을 다시 규명해야 한다.

결국 이더리움의 스테이킹 기능이 빠지며 반쪽짜리 상품이 현물 ETF에 상장되었지만, 승인만으로도 이더리움 생태계에는 더 많은 자본이 유입되고 있다. 이더리움 현물 ETF는 디지털 인프라에 자본을 투입할 수 있는 새로운 방법을 제공함으로써, 이더리움 네트워크의 확장과 발전을 촉진하고 있다. 수조 원에 달하는 자금이 이더리움 현물 ETF에 진입하며, 이더리움을 활용하고자 하는 기업 수요를 자극하고 있다. 실제 이더리움은 비트코인보다 더 넓은 생태계를 가졌다. 스마트 계약을 통해 다양한 산업에서 사용될 수 있는 플랫폼으로 발전하고 있으며, 금융 서비스, 게임, 예술 등 다양한 분야에 적용되고 있다.

왜 코인을 스테이킹하는 걸까?

지분증명 방식의 블록체인 네트워크에서 스테이킹은 꼭 필요한 존재다. 일종의 주주 역할을 하기 때문이다. 기본적으로 스테이킹은 사용자들이 자신이 보유한 코인을 네트워크에 예치해, 해당 네트워크의 검증자 역할을 하는 것을 의미한다. 일반적으로 스테이킹된 코인 양에 비례해 블록 생성 및 검증 권한이 주어진다. 검증자는 새로운 트랜잭션을 확인하고 블록을 생성하는 데 참여하게 된다. 또한 블록체인의 합의 과정에 참여하며, 올바른 블록을 선택해 네트워크의 일관성을 유지한다.

스테이킹을 통해 네트워크의 운영과 검증에 기여하면 코인의 형태로 보상을 받을 수 있다. 은행의 이자와 유사한 개념이다. 또한 스테이킹은 네트워크의 안정성과 보안을 강화하는 데 기여한다. 사용자가 자신의 코인을 네트워크에 넣어 두면 해당 네트워크의 해킹이나 공격 가능성이 줄어든다. 악의적인 공격자가 네트워크를 해킹하려면 더 많은 자산이 필요하기 때문이다. 일부 프로젝트에서는 스테이킹된 코인 보유자가 네트워크의 의사결정에 참여할 수 있는 권한을 부여한다.

Chapter 2

코인 시대의 몰락과
재탄생

코인 시장을 무너뜨린
사건들

코로나19를 전후로 막대한 유동성이 디지털 자산시장에 유입되자, 그 과정에서 많은 사람들은 '봉이 김선달'과 같은 기회주의자를 경험하며 사기 피해를 봤다. 특히 다수의 알트코인 발행사들은 근본적인 가치나 혁신적인 기술 없이 단순히 투기적 열기에 편승해 코인을 팔아치웠고 많은 투자자가 피해를 입었다.

대표적 사례가 바로 플러스토큰 사태다. 플러스토큰은 2018년에 출범한 디지털 자산 지갑 및 투자 플랫폼으로, 사용자들에게 높은 수익을 약속하며 자금을 유치했다. 이들은 자신들의 지갑에 비트코인 또는 이더리움 등을 입금하면 매달 9%에서 18%에 달하는 고수익을 제공하겠다고 광고했다. 플러스토큰은 블록체인 기술과 인공지능을 활용해 거래 수익을 극대화할 수 있다고 주장했으며, 사용자는 큰 이익을 얻을 수 있다고 믿었다. 하지만 실상은 후속 투자자의 돈으로 기존 투자자에게 이자를 지급하는 전형적인 폰지 사기 구조였다.

플러스토큰은 2019년 중반에 갑자기 출금 요청을 처리하지 않으며 문제가 발생했다. 플랫폼 운영진이 갑자기 사라졌고 투자자들은 자신의 자금을 잃게 되었다. 이 사건으로 약 20억 달러(약 2조 3,000억 원), 약 200만 명의 투자 피해자가 발생했다. 특히 플러스토큰과 같은 유사 사례가 국내에서 모방 범죄로 등장하며, 고수익을 미끼로 코인을 받아 달아나는 사기 사례가 끊임없이 발생하게 되었다.

카카오 코인이라 불리던 클레이튼 폭락 사태 역시 알트코인의 신뢰를 무너뜨린 대표적인 사례다. 카카오의 블록체인 플랫폼 클레이튼을 기반으로 출시된 코인 클레이는 카카오 블록체인 관계사 그라운드X에서 개발한 디지털 자산이다. 2019년 본격적으로 시장에 유통된 이후, 한국판 이더리움이라 불리며 큰 인기를 끌었고 한때 개당 가격이 4,000원을 넘어 유통 시가총액만 수십조 원에 달했다. 클레이튼은 국내외에서 많은 기대를 모으며 출시 초기에는 큰 인기를 끌었다. 특히 카카오의 강력한 플랫폼 기반을 바탕으로, 다양한 디앱(DApp) 생태계를 구축하고자 했다.

| Part 4 | 디지털 자산이 일으킨 금융 혁명

그러나 프로젝트에 대한 기대치와 실제 사용 사례 간의 차이가 부각되면서 시세는 큰 폭으로 무너졌다. 2021년 3월 고점을 찍은 이후, 20분의 1 수준까지 급락하며 많은 투자자에게 큰 손실을 안겼다. 이는 프로젝트의 초기 기대감이 현실과 부합하지 않았을 때 발생할 수 있는 대표적인 사례로 남았다. 야심 차게 등장했던 카카오 블록체인 기반 서비스들 상당수는 문을 닫았거나 이용자가 전무한 상태다.

국내 1세대 IT 기업으로 통하는 한글과컴퓨터 역시 '코인 팔이'로 뭇매를 맞았다. '한컴 코인'이라는 후광을 업고 2021년 발행된 아로와나토큰은 가상화폐 거래소 빗썸 상장 당일 50원이었던 시작가가 30분 만에 5만 3,000원대가 되는 등 1,000배 이상으로 뛰며 불법 시세조종 의혹을 받았다. 수사 당국은 한컴그룹의 오너 일가가 개입되었을 가능성을 보고 있으며 이에 대한 수사는 현재진행형이다. 실제 아로와나토큰은 특별한 활용 사례를 만들지 못한 채 주요 거래소에서 상장폐지된 상태다.

루나-코인 사태가
일으킨 변화

가상화폐 투자 피해액 중 가장 규모가 큰 사건은 바로 테라-루나 사태다. 지난 2022년 5월 개발자 권도형과 신현성이 설립한 테라폼랩스에서 발행한 디지털 자산 테라와 그 가치를 유지하기 위한 만든 자매 코인 루나는 빠르게 코인 투자자를 불러 모으며 수십조 원 규모로 덩치를 불렸다.

개발자인 권도형과 소셜커머스 티몬의 창립자인 신현성은 코인을 통한 결제 생태계를 만들기 위해 테라-루나를 키웠다. 이 생태계의 기축통화 역할을 하는 테라는 미국 달러와 1:1로 고정된 스테이블코인으로 설계되었다. 다만 실제 달러가 존재해 이를 담보로 맡긴 형태가 아닌 기술적 알고리즘을 통해 가치가 유지되도록 설계했다.

테라 생태계는 테라의 가격을 안정시키기 위해 수요와 공급 메커니즘을 활용했다. 테라의 수요가 증가하면 하위 코인인 루나를 소각해 새 테라를 발행하고, 수요가 감소하면 테라를 소각해 루나를 발행하는 방식이었다. 이 시스템은 정상적인 시장 조건에서는 어느 정도 작동했지만, 대규모 시장 변동성이나 공황 상태에서는 심각한 취약성을 드러낼 수밖에 없었다. 다른 스테이블코인과 달리 실제 담보로 미국 달러를 맡겨놓지 않았기 때문이다.

계기가 된 것은 미국이 코로나19 유동성 시대를 끝내기 위해 금리 인상을 시작하려던 2022년 5월이다. 코인 시장에서 유동성이 빠져나가기 시작했고, 테라-루나 가격에도 심각한 균열이 일어났다. 테라 가격이 1달러의 고정성을 잃고 하락하기 시작하자, 이를 공격하는 파생시장의 투자사까지 늘어나며 대량 매도가 이어졌다.

투자자들은 대규모로 테라를 팔아 루나를 발행했고, 루나의 공급이 폭발적으로 증가하며 루나의 가치가 급락하게 되었다. 그 결과 60조 원에 달하는 투자 피해가 발생한 것으로 추정된다. 이 사건은 여러 국가에서 디지털 자산 및 스테이블코인에 대한 규제 강화 논의를 촉발했다. 특히 미국과 유럽, 일본에선 저마다 스테이블코인의

| 태초로 돌아간 루나(2021~2022년) |

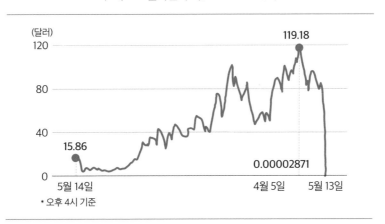

출처: 코인게코

운영과 관리에 대한 엄격한 규율이 마련되었다.

많은 알트코인 프로젝트가 초기에는 혁신적인 아이디어와 비전을 제시했으나 실제로 이를 실현하는 데 실패했다. 프로젝트의 기술적 완성도와 실행력이 부족했으며, 대중의 기대를 충족시키지 못한 경우가 많았다. 특히, ICO(Initial Coin Offering, 가상통화공개) 열풍 속에서 등장한 많은 알트코인은 자금을 모은 이후 실질적인 성과를 내지 못하거나 프로젝트가 중단되었다. 이러한 실패는 투자자들의 신뢰를 잃게 했고 시장에서 해당 코인들의 가치가 급락하는 결과를 초래했다.

국내에서는 코인과 관련된 규제와 감독이 강화하면서 기존 사업자들이 규제를 준수하지 못하거나 법적 문제로 인해 운영에 어려움을 겪는 사례가 늘었다. 지난 2021년 9월 개정된 '특정 금융 거래정보의 보고 및 이용 등에 관한 법률(특금법)'이 시행되면서, 코인 거래소와 관련 사업자들은 더욱 엄격한 규제를 받게 되었다. 특금법은 거래소와 암호화폐 사업자들이 금융위원회에 등록하고, 자금세탁방지(AML) 및 고객신원인증(KYC)를 준수할 것을 요구한다.

이에 따라 국내 알트코인 사업자들은 엄격한 규제를 준수하기 위해 추가적인 자금과 노력이 필요해졌다. 규제를 충족하지 못한 많은 중소형 거래소와 알트코인 프로젝트들이 시장에서 퇴출당하거나 운영을 중단하는 상황이 발생했다. 특히 거래소들의 폐쇄와 함께 해당 거래소에 상장된 알트코인들의 거래가 불가능해지면서 투자자들이 큰 손실을 안았다.

올해 7월 '가상자산 이용자 보호법'이 시행되어 앞으로 거래소들은 상장된 코인을 정기적으로 평가하고 관리해야 한다. 기존에 상장된 코인 역시 6개월마다 재검토하고, 신규 코인 상장 조건도 더욱 엄격하게 규제하게 되었다. 이에 따라 잠재적인 문제를 가진 발행사의 코인이 상장되거나 거래되지 않도록 예방할 수 있게 되었다.

국내 프로젝트들이 자본을 확보하지 못하고 지속 가능한 비즈니스 모델을 구축하지 못하면, 많은 알트코인이 시장에서 사라질 가능성이 크다. 그렇게 되면 전체 시장의 유동성을 낮추고 투자자들에게 좁은 선택지를 제공하는 결과를 초래한다. 토종 자본이 약화하면 국내 블록체인 프로젝트들이 해외 자본에 의존하게 될 가능성이 높아지는데, 이는 국내시장의 독립성을 약화하고 글로벌 자본의 흐름에 따라 시장이 크게 좌우될 수 있는 위험을 초래한다. 특히 해외 자본의 유입이 감소하거나 외부 충격에 의해 자금이 빠져나갈 경우, 국내시장은 심각한 타격을 입을 가능성이 있다.

토종 코인 자본의 약화는 국내 블록체인 생태계와 암호화폐 시장 전반에 부정적인 영향을 미칠 가능성이 높다. 기술 발전의 둔화, 글로벌 경쟁력 상실, 투자자 신뢰 저하 등의 문제는 한국이 블록체인 혁신에서 뒤처지는 결과를 초래할 수 있다. 따라서 무분별한 규제와 투자자 보호에만 목을 맨다면, 다가오는 디지털 세상에서 국내 산업의 경쟁력을 더욱 위축시킬 가능성이 크다.

가상자산 이용자 보호법이란?

가상자산 거래에서 투자자 보호를 강화하고 불공정 거래를 규제하기 위해 제정된 법이다. 이 법은 가상자산 사업자의 등록 의무, 정보 공개, 자금세탁 방지 등의 규제를 포함하며 올해부터 시행하고 있다. 이 법안의 주요 목표는 가상자산시장의 투명성을 높이고, 투자자들이 안전하게 거래할 수 있는 환경을 조성하는 것이다. 이를 통해 투자자 보호와 가상자산시장의 안정성을 동시에 추구한다.

구체적으로 가상자산 사업자는 금융 당국에 등록해야 하며, 등록되지 않은 사업자는 영업이 불가능하다. 또한 가상자산의 발행, 유통, 거래에 대한 정보를 투명하게 공개해야 하며, 투자자에게 필요한 정보를 제공해야 한다. 아울러 가상자산 사업자는 자금세탁 방지와 테러 자금 조달 방지 의무를 이행해야 하고, 더불어 투자자 보호를 위해 고객 자산과 회사 자산의 분리 보관 및 피해 보상 제도를 마련해야 한다.

투자자 보호를 위한 구체적인 가이드라인이 나왔다는 점, 가상자산 거래소 및 발행 업체의 난립을 막았다는 점에서 의미가 크다. 다만 토종 가상자산의 발행이 쉽지 않아, 외산 가상자산 투자 비중이 높아져 국내 생태계 존립이 쉽지 않아졌다는 비판도 존재한다.

금융의 시대로 넘어가는 티켓, CBDC

비트코인과 이더리움이 나란히 현물 ETF 시장에 진입한 덕에 디지털 자산은 투기 자산을 넘어 실질적인 금융 도구로 자리 잡기 시작했다. 물론 디지털 자산이 처음 주목받기 시작했을 때, 많은 사람은 혁신적인 기술보다는 급격한 가격 상승에 주목했다. 이러한 관심은 자연스럽게 투기적 행태로 이어졌고 다양한 사기 사건들이 시장을 휩쓸었다. 실제 금융시장과 연계될 것이라고는 당시만 해도 누구도 믿지 않았다.

그러나 이젠 전통 금융시장 내 디지털 자산 활용 사례가 잇따르며 코인 금융의 시대가 본격적으로 열리고 있다. 블록체인의 효용과 기술의 가치를 모두가 인정하고 있고, 전통 금융시장에서도 이를 적극적으로 수용하는 변화를 보여주고 있다.

대표적인 사례가 바로 중앙은행의 디지털 화폐 CBDC(Central Bank Digital Currency)다. CBDC는 기존의 법정화폐와 연동된 디지털 형태의 화폐로, 중앙은행이 직접 발행하고 관리한다. 한국은행이 발행하는 원화 기반 코인이라고 이해하면 된다. CBDC는 디지털화된 금융 시스템의 확장을 의미하며 전통적인 화폐와 디지털 자산 간의 경계를 허무는 대표적인 사례다.

일반적으로 CBDC는 중앙은행이 발행하고 기존의 물리적 화폐(현금)와 동일한 가치를 가진다. 전자적 형태로 존재할 뿐 국가의 통화 시스템 내에서 법정 통화로 인정된다. 또한 CBDC는 일반 대중이나 금융기관 모두 사용할 수 있으며, 블록체인이나 기타 디지털 장부 기술(DLT)을 통해 운영된다. 거래 기록이 디지털로 남아 투명한 거래가 가능하다는 게 특징이다.

CBDC가 주목을 받는 이유는 정부의 정책 효율화와 금융시장 관리 측면에서 블록체인 기술이 큰 효용을 발휘해서다. 예컨대 CBDC는 은행 계좌를 개설하기 어려운 지역이나 계층에서도 디지털 금융 서비스에 접근할 수 있는 수단을 제공한다. 모바일만 있으면 인증부터 은행 거래까지 가능해 활용도가 높다. 금융 포용성을 확대하고 경제적 불평등을 줄일 수 있다.

게다가 CBDC는 거래 비용을 낮추고 결제 속도를 높여, 국제 무역

| 중앙은행의 디지털 화폐 |

구분	CBDC	실물 화폐	암호화폐
발행 주체	중앙은행	중앙은행	민간
가치	액면가로 고정	액면가로 고정	변동
발행 방법	분산원장 등의 기술을 활용해 전자적으로 발행	지폐·동전 형태로 발행	분산원장 등의 기술을 활용해 전자적으로 발행

출처: 한국은행

과 개인 간 거래 모두에서 효율적인 결제 시스템을 구축하는 데 기여할 수 있다. 더불어 중앙은행이 디지털 경제 환경에서 더욱 정밀한 통화 정책을 시행할 수 있게끔 한다. 블록체인의 특성상 정부의 정책 자금 흐름을 일일이 확인할 수 있고 정책 입안자 입장에선 기존 현금 살포보다 훨씬 효율적으로 정책을 이끌어갈 수 있다.

이미 국가 내에서 적극적으로 CBDC를 활용하는 사례가 있다. 바로 중국이다. 중국은 무려 10년 전인 지난 2014년부터 디지털 화폐 및 전자 결제 개발에 착수했다. 당시 중국인민은행은 디지털 통화의 필요성을 인식하고, 자체적으로 중앙은행 디지털 화폐를 연구하기 시작했다. 당시만 해도 이 연구는 주로 디지털 경제에서의 국가 통화 주권을 유지하고, 알리페이와 위챗페이와 같은 민간 결제 플랫폼의 독점적 지위를 견제하기 위한 목적에서 출발했다. 그러나 이제는 자금 흐름을 더욱 정밀하게 통제하는 동시에 불법 자금세탁 및 탈세 방지에도 적극 활용되고 있어 중국 내에서 자본시장을 통제하는 데 중요한 역할을 맡고 있다.

중국은 2019년부터 여러 도시에서 디지털 위안화의 파일럿 프로그램을 시작했다. 공무원 급여를 디지털 위안화로 지급하고 소매점에서 디지털 위안화 결제를 지원하는 등 실제 사용 환경에서의 테스트가 진행되었다. 2021년과 2022년에는 중국의 더 많은 도시와 지역에서 파일럿 테스트가 이루어졌고, 이 과정에서 수백만 명의 중국 시민이 디지털 위안화의 사용 경험을 쌓은 상태다. 디지털 화폐의 대중적 수용 가능성을 평가하는 중요한 단계에 놓인 것이다.

또한 디지털 위안화는 단순한 디지털 화폐를 넘어 중국이 디지털 경제와 글로벌 금융 시스템에서 주도권을 잡기 위한 중요한 전략적 도구로 활용되고 있다. 예컨대 국제 무역에서 중국의 영향력을 확대하는 데 중요한 역할을 맡고 있다. 이미 홍콩 통화청과 중국인민은행은 디지털 위안화를 통한 결제 시스템 구축에 나선 상태고, 중국은 캄보디아 등 인접 국가와의 CBDC 제휴에 속도를 내고 있다.

디지털 위안화는 중국이 주최하는 국제 전시회나 이벤트에서도 외국인들이 사용할 수 있도록 허용된 사례가 있다. 대표적으로 지난 2022년 베이징 동계올림픽에서는 외국인 방문자들이 디지털 위안화를 사용해 결제할 수 있도록 했다. 스마트폰 앱, 실물 카드, 손목

밴드 등을 통해 디지털 위안화를 공급했으며, 이는 중국이 디지털 위안화를 글로벌 환경에서 테스트하는 초기 단계로 볼 수 있다. 중국은 디지털 위안화를 통해 유럽과의 무역 결제에서도 시범 테스트를 진행한 바 있다. 디지털 위안화로 유럽 기업들과의 무역 대금을 결제하는 방안을 테스트한 것이다. 달러 의존도를 낮추고 결제 속도를 높이려는 시도로 평가받고 있다.

우리나라 역시 CBDC 준비가 한창이다. 한국은행은 앞서 지난 2017년 처음 CBDC 연구를 시작했고 2018년에는 소액 결제 시스템 연구 용역을 마쳤다. 11월에는 최대 10만 명의 국민을 대상으로 CBDC 실거래 테스트가 진행될 예정이다. 이 테스트에는 IBK기업은행을 포함한 국내 5대 은행이 참여하며, 은행이 이용자들에게 디지털 원화를 제공한 뒤 이를 실제로 여러 가맹점에서 사용할 수 있도록 일련의 유통 과정을 구현하는 것이 첫 번째 목표다.

또한 한국은행은 은행 대상의 기관용 CBDC를 발행하고 은행은 이를 토대로 또 다른 디지털 통화인 예금 '토큰'을 발행할 예정이다. 토큰은 예금을 비롯한 금융상품이나 부동산 등 전통적 자산을 프로그래밍 가능한 플랫폼에 기록될 수 있도록 '디지털 증표'로 변환하는 과정을 뜻한다. '토큰화'한 예금과 기관용 중앙은행 화폐를 활용해 통화 시스템 개선 가능성을 모색하는 것이 이번 테스트의 목적이다. 테스트에 참여하는 국민이 은행의 예금 토큰을 각 가맹점

| 한국은행의 CBDC 관련 연구 현황 |

2021년 **8월~12월**	**CBDC 모의실험 1단계** 가상 실험 환경에서 CBDC의 기본 기능(발행·유통·환수 등) 구현
2022년 **1월~6월**	**CBDC 모의실험 2단계** CBDC의 확장 기능(오프라인 결제, 디지털 자산 거래, 국가 간 송금 등) 구현 및 IT 신기술 적용 가능성 검증
2022년 **7월~12월**	**금융기관 연계 실험** 14개 은행 및 금융결제원의 테스트 서버와 연계하여 CBDC 모의 시스템의 정상 동작 여부 및 성능 등 점검
2023년 **10월~**	**CBDC 활용성 테스트** 기관용 CBDC를 기반으로 디지털 통화의 다양한 활용 사례 를 점검
2024년 **4분기**	**실거래 테스트 실시(예정)**

출처: 한국은행

에서 직접 사용할 수 있는 구조다. IBK기업은행 및 5대 은행에서는 CBDC의 실사용이 원활하게 이루어질 수 있도록 지원하기 위한 자체 시스템 개발에 박차를 가하고 있다.

디지털 토큰은 부동산과 같은 유형 자산부터 기업 주식과 같은 무형 자산에 이르기까지 광범위한 자산을 대체할 수 있으며, 자산 분할은 물론 부분 소유까지 가능하게 한다. 이는 투자 진입 장벽을

| Part 4 | 디지털 자산이 일으킨 금융 혁명

낮춰 더 큰 규모의 시장 유동성을 확보할 수 있다. 또한 자산 토큰화는 탈중앙화, 투명성, 보안 등 블록체인의 강점을 갖고 있어 거래 간소화, 거래 무결성을 확보하게 된다.

CBDC와 디지털 토큰이 본격적으로 자리를 잡으면 이후에는 정말로 현금 없는 생활이 가능해질 것으로 보인다. 무엇보다 우리나라는 이미 전 국민 모바일 보급이 완료된 상태로, 전 세계에서 가장 빠른 네트워크 속도를 자랑하기에 대중화에 큰 어려움이 없을 거라 예상한다.

가장 필요한
제도적 안정망

코인 시장이 금융으로 발돋움하기 위해 반드시 통과해야 할 관문은 바로 투자자, 소비자와의 접점을 상징하는 코인 거래소다. 미국의 디지털 은행으로 도약한 코인베이스는 코인 금융시장의 새 지평을 열고 있다. 코인베이스는 미국 최대 코인 거래소로, 현물 거래량만큼은 미국 내에서 경쟁자를 찾기 어려울 만큼 확고한 위치를 점하고 있다. 특히 비트코인 현물 ETF의 최대 수혜자로 평가된다.

실제 코인베이스는 블랙록 등 레거시 자산 운용사들과 손을 잡고 함께 ETF 시장을 키워가고 있다. 현물 ETF 거래 과정에서 중요한 일종의 파트너사인 셈이다. 월가와 함께하는 인프라 사업자라는 타이틀도 쥐게 된 덕분에 코인베이스의 주가는 최근 1년 새 3배가량 뛰어올랐고 어느덧 미국 증시 입성 당시의 시총 100조 원 복귀를 눈앞에 두고 있다.

여기에 '베이스'라는 자체 블록체인 생태계를 운영해 다양한 혁신 금융 사례를 발굴하고 있다. 이 과정에서 코인베이스는 자체 코인을 발행하지 않으며, 당국의 규제에 준수하는 움직임을 기본으로 한다. 다만 개발사 및 운영사들의 수익을 확보하기 위해 코인을 발행할 수 있는 환경을 직접 조성하고 있다. 이뿐만 아니라 최근 미국에서 선물거래중개회사 라이선스를 획득해 미국 상품선물거래위원회가 지정한 자율규제기관 NFA(National Futures Association)로부터 선물거래 자격을 따내기도 했다. 규제의 회색지대를 악용해 온 여타의 코인 거래소들과 달리, 금융 실정법에 맞춰 파생상품 시장에 진입하겠다는 의도다.

이와 같은 사례는 국내에도 이어지고 있다. 지난 7월 통과한 가상자산 이용자 보호법에 따라 우리나라의 코인 거래 시장도 일종의 인허가 시장으로 바뀌고 있다. 실제 코인 거래소 등 국내 관련 사업자는 은행을 통해 이용자의 예치금을 관리해야 한다. 또 사업자는 이용자 코인 경제적 가치의 80% 이상을 인터넷과 분리해 안전하게 보관해야 한다. 만약 해킹을 빙자로 문을 닫거나 시장을 일방적으로 이탈할 경우, 금융업체에 준하는 회초리를 맞게 된다. 이 밖에도 준비금 및 보험 가입 의무화 등 코인 사업자에게 필요한 다수의 요건이 부여되었다. 여기에 업계에 만연한 시세조종 및 내부 정보 거래를 규제할 수 있는 가이드라인이 생겼다.

정부는 코인 시장의 제도화를 위한 2단계 입법을 추진 중이다. 아무나 코인을 발행하거나, 손쉬운 상장도 옛일이 될 가능성이 크다. 코인 거래소에 일종의 마케팅 비용을 대납하고 상장하는 관행도 이제 사라질 것으로 보인다. 다만 코인 발행사의 자격 및 형태, 코인 상장폐지에 대한 더 진일보된 법안이 마련될 것이며 이제 대체불가능토큰 사업, 코인 커스터디(수탁) 사업, 블록체인 기반 게임 사업, 블록체인 기반 멤버십 사업, 블록체인 기반 음악 사업 등 새로운 혁신 사례가 빠르게 수면 위로 올라올 것이다.

Chapter 3

여의도에서 테크노밸리로, 디지털 금융 시대

토큰증권과
RWA

토큰증권과 RWA(Real World Assets, 실물연계자산)는 디지털 자산의 새로운 프런티어로 불린다. 기존 자산으로서, 또는 새로운 형태의 자산이 될 수 있는 사례를 발굴해 디지털 기술을 거쳐 유동화할 수 있게 되었다는 점에서 엄청난 효용 가치를 지닌 기술이다. 거래하기 힘든 자산도 누구나 손쉽게 투자할 수 있도록 접근성이 크게 개선되며 자본시장의 규모를 크게 키울 수 있게 된 것이다.

대표적인 사례인 토큰증권은 기존 증권 형태의 실물자산을 블록체인 기술을 활용해 디지털 토큰으로 변환한 형태를 말한다. 토큰은 주식, 채권, 부동산, 펀드 등의 전통적인 금융자산을 코인 형태로 디지털화한 것으로 국내에선 현재진행형이다. 현실화된다면 스마트 계약을 통해 거래가 자동화되고 투명하게 관리된다. 간단히 말해 토큰의 기술을 활용한 증권이라고 볼 수 있다.

특히 거래 기록이 모든 참여자에게 공개되며, 중앙기관의 개입 없이도 신뢰할 수 있는 거래가 가능하다. 전통적인 증권 시장에서 발생할 수 있는 중개자 리스크와 거래 비효율성을 줄이는 데 기여한다. 또한 토큰증권은 블록체인상에서 발행되기 때문에 주식시장처럼 특정 시간에만 거래되지 않고, 24시간 7일 내내 거래가 가능하다. 또한 글로벌 투자자들이 별도의 장벽 없이 접근할 수 있어 자본 시장의 유동성을 크게 확대할 수 있다.

토큰증권은 자산을 세분화해 소액 단위로 발행할 수 있다. 이를 통해 투자자들은 적은 금액으로도 다양한 자산에 분산 투자할 수 있으며, 자산의 유동화가 촉진되어 전통적으로 유동성이 낮았던 자산도 쉽게 거래할 수 있다. 예를 들어 부동산 자산의 소유권을 작은 단위로 나누어 토큰화하면, 누구나 소액으로 부동산에 투자할 수 있다. 일례로 SK증권과 신한금융투자 등의 국내 금융권에서는 전통적인 채권, 또는 부동산 자산을 토큰화하는 프로젝트를 추진 중이다. 자산 유동성 확대, 투자 접근성 향상, 그리고 금융 서비스의 효율성을 높이는 측면에서 매우 중요한 사례로 여겨진다.

해외에서는 이미 다수의 사례가 존재한다. 스위스 증권거래소에

시작 (Origination)	• 거래 구조 설계 실사 • 자산을 담보로 하는 디지털 토큰의 약관 결정 • 스마트 계약에 법률 및 규제 요건 코딩 • 문서 제출
디지털화 (Digitalization)	• 자산 평가 • 특수목적기구(SPV) 설립 • 기술 플랫폼 선택 • 스마트 계약 프로그래밍 • 블록체인상에 송금 정보 전송
배포 (Distribution)	• 투자자의 AML/KYC 평가 • 토큰 가격 책정 • 초기 투자자에게 투자에 대한 대가로 토큰 배포 • 중개자 참여 없이 거래 정보를 블록체인상에 자동으로 저장
거래 (Exchange)	• 화이트 리스트 관리 • 유통시장에서의 거래(토큰 거래소 또는 전통적인 자본시장) • P2P 송금
토큰화 이후 관리 (Post-tokenization management)	• 배당금 분배 • 주주들에게 투표권 부여 • 공시 • 과세 • 회계

출처: 세계은행, 키움증권 리서치센터

서 운영하는 SDX(SIX Digital Exchange)는 주식과 채권, 펀드 등의 전통적인 금융자산을 토큰화해 이를 블록체인상에서 발행하고 거래할 수 있다. 스페인의 산탄데르은행 역시 이더리움을 기반으로 2,000만 달러 규모의 채권을 발행한 바 있다. 채권의 발행, 거래, 이자 지급까지 모든 과정이 블록체인에서 이루어졌다.

하나금융경영연구소에 따르면 토큰증권이 제도화될 경우 1년 새 34조 원 규모의 시장이 조성되고 오는 2030년에는 시장 규모가 369조 원 이상으로 급증할 것으로 전망한다. 이를 가능하게 할 규제 마련에도 속도가 붙고 있다. 이미 우리나라 금융위원회는 지난해 2월 '토큰증권 발행·유통 규율 체계 정비 방안'을 추진하겠다고 발표했고, 여러 증권사가 토큰증권 시장이 곧 열릴 것을 대비해 조직을 만들고 협력 관계를 구축하고 있다. 미래에셋증권은 지난해 SK텔레콤, 하나금융그룹 등과 '토큰 동맹'을 맺었고, 토큰증권 통합 플랫폼 개발에 뛰어들었다. KB증권과 NH투자증권, 신한투자증권도 토큰증권 컨소시엄을 구성해 각기 서비스를 준비하고 있다.

| 토큰증권 시장 규모 전망 |

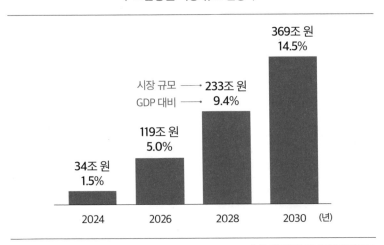

출처: 하나은행 하나금융경영연구소

그러나 당초 올해부터 시작될 것으로 기대를 모았던 토큰증권 사업은 현재 법제화 시점을 기약하기 어려운 상황에 놓여 있다. 지난 21대 국회에서 발의된 '토큰증권 법안'이 결국 통과되지 못했기 때문이다. 토큰증권의 본 게임이 열리기 위해 당장 필요한 것은 '자본시장법 및 전자증권법' 개정안이다. 이 외에도 산업 영역마다 풀어야 할 규제가 산적한 것이 사실이다. 그럼에도 22대 국회에서는 여야 모두 토큰증권 제도화에 대한 의지를 분명히 한 상태다. 여야 양측 공약집에 토큰증권 관련 제도화를 조속히 추진하겠다는 내용이 공통으로 포함되어 있어, 이른 시기에 관련 논의가 이루어질 것으로 보인다. 특히 여야 모두 토큰증권의 필요성을 강조해 왔기에 연내 입법이 기대되고 있다.

이미 입법을 기다리며 테스트 형태로 사업을 키워온 이들이 적지 않다. 바로 조각 투자 사업자들이다. 이들은 부동산뿐 아니라 음원, 한우 등 다양한 형태의 실물자산을 토큰화해 조각 형태의 증권으로 팔고 있다. 업계 최초로 한우 투자 계약 증권을 선보인 '뱅카우'는 올해 들어 공모에서 2회차 모두 200% 이상의 청약률을 기록하며 흥행몰이에 성공했고, 음악 조각 투자 플랫폼 '뮤직카우' 역시 꾸준히 조기 완판을 이어가고 있다.

한편 제도권 내에서 빠르게 활용될 것으로 보이는 토큰증권과 달리 RWA는 아직 넘어야 할 산이 많다. RWA란 토큰화되기 전의 부동산, 주식, 채권 등의 실물자산을 일컫는다. RWA와 토큰증권은 둘 다 전통적인 자산을 블록체인 기술을 활용해 디지털화한 개념이지만, 그 목적과 구조에는 차이가 있다. 토큰증권은 전통적인 금융자산(부동산, 주식, 채권, 펀드 등)을 블록체인 기술을 통해 디지털 토큰으로 발행한 형태다. 이는 전통적인 증권의 디지털 버전으로, 스마트 계약과 블록체인 기술을 활용할 뿐 실질적으로 증권에 해당하는 규제를 받는다. 즉 코인, 또는 토큰의 형태를 띤다 해도 기존 증권(예: 주식, 채권)의 법적 권리를 그대로 유지한다.

반면 RWA는 실물자산을 블록체인상에서 디지털 토큰으로 변환한다는 점에서는 같지만, 증권의 범주를 넘어서는 형태를 띠고 있어 새로운 규제 형태가 필요하다. 예컨대 실물자산이 디지털화된 형태이기 때문에 기초 자산에 따라 다양한 법적 규제가 적용될 수 있다. 증권이 아니라 코인의 형태로 발행되는 경우도 부지기수다. 유동성을 높이고 투자 기회를 확대하는 측면에선 공통점을 지니지만 규제의 적용 측면에서 방법이 갈리는 것이다.

이에 국내보다 미국 등의 금융 선진국에서 활용 사례가 잇따르고 있다. 대표적인 형태가 바로 미국 국채를 토큰화한 후 이를 코인으로 상품화한 '온도 파이낸스'다. 이 플랫폼은 주로 기관 투자자와 개인 투자자에게 미국 국채와 같은 안전한 자산에 디지털 접근을 제공한다. 투자자들은 온도 파이낸스를 통해 토큰화된 국채를 구매하

| Part 4 | 디지털 자산이 일으킨 금융 혁명

구분	RWA	토큰증권
정의	실물자산을 블록체인상에서 토큰화한 가상자산	전통 증권을 블록체인상에서 토큰화한 증권
목적	실물자산 토큰화를 통한 투명성, 효율성 증대	전통 증권 디지털화를 통한 상품화, 유동화
블록체인	누구나 접근할 수 있는 퍼블릭 블록체인 활용	규제하에 있는 프라이빗 블록체인 활용
규제 환경	엄격하지 않음	증권법 등 엄격한 규제 준수 필요

출처: 쟁글

고 블록체인상에서 거래한다. 이를 통해 투자자들이 미국 국채와 같은 안전 자산에 디지털 형태로 투자할 수 있도록 해준다. 특히 플랫폼 내 코인이 존재해 증권이 아니라 업비트와 빗썸과 같은 코인 거래소를 통해 거래가 이루어진다. 특히 이 프로젝트는 기관 투자자와 개인 투자자들이 미국 국채에 소액으로도 투자할 수 있도록 해주며, 디지털 자산시장에서 전통적인 금융상품의 접근성을 확대하는 주요 케이스로 통한다.

미국 금융 자본의 거두로 세계 최대 자산운용사로 불리는 블랙록역시 RWA 시장을 키우기 위해 공을 들이는 사업자다. 블랙록은 이더리움 블록체인에서 RWA 토큰화를 위한 디지털 펀드를 출시하겠다고 선언했고, 이를 통해 16조 달러 시장을 공략하겠다는 청사진을 내놨다. 블랙록의 CEO 래리 핑크는 올해 1월 비트코인 현물 ETF 승인 이후 RWA에 대해 "다음 단계는 금융자산의 토큰화이며 이를 통해 채권, 주식시장의 불법을 해결할 것"이라고 밝힌 바 있다.

이어 3월 들어 블랙록은 최초의 자산 토큰화 펀드인 '비들'을 출시했다. 비들 펀드에 투자하면 소유권을 보장해 주는 비들 토큰이 제공되는데 이 토큰은 1달러의 고정 가치로 연동된다. 그리고 투자한 양만큼 그에 해당하는 토큰을 보유할 수 있게 된다. 블랙록은 이렇게 모인 자금을 현금을 미국 단기 국채 등 안전자산에 투자한 후 발생한 수익을 토큰 소유자들에게 배분한다. 투자자들은 토큰 형태로 안전자산 투자의 혜택을 손쉽게 누릴 수 있게 되었다. 비들의 등장은 앞으로 훨씬 더 많은 현실 세계의 자산들이 토큰화될 가능성을 시사하며, 기존 코인 시장 참여자들에게도 새로운 투자 옵션이 생긴 것을 뜻한다.

코인의 유동성을 옮겨오려는 시도도 잇따르고 있다. 침체를 겪고 있는 부동산 시장이 대표적이다. 예컨대 국내 부동산 스타트업 '루센트블록'은 고가의 상업용 부동산을 5,000원 단위의 소액으로 투자할 수 있는 부동산 토큰증권 플랫폼 '소유'를 내놨다. 또 다른 기업 '펀블'의 경우 현재까지 진행한 공모는 총 2건(1호: 롯데월드타워 시그니엘, 2호: 해운대 엘시티)으로 완공된 건물 지분을 100% 매입 후, 이를 개인들에게 조각으로 나눠 판매했다. 리츠와 비슷하지만 형태가

| Part 4 | 디지털 자산이 일으킨 금융 혁명

다르다. 리츠는 대형 우량 부동산 포트폴리오에 투자한다면 이러한 조각 투자는 개별 건물에 투자한다. 투자자 입장에서는 발행·유통이 어려웠던 상업용·주거용 부동산 중 마음에 드는 개별 상품에 투자할 수 있다는 매력이 있다.

즉 블록체인 기술은 다양한 형태의 새로운 자금 조달 방식으로의 변화를 야기할 수 있다. 이전에는 회사가 전체적으로 자금을 조달하고 이를 각 프로젝트에 배분하는 방식이 많았다면, 이제 토큰증권과 RWA의 도입으로 특정 프로젝트에 직접 자금을 조달하는 것이 가능해졌다.

이 외에도 투자자 접근성이 좋지 않던 사모펀드, 슈퍼카, 그림 작품 등의 경우, 자산을 효율적으로 유동화하는 사례가 급증할 것이다. 따라서 앞으로 기업이나 자금 조달이 필요한 상황에서 블록체인 기술은 고려해야 할 중요한 옵션이 될 가능성이 높다.

핀테크를 거부하는
디파이 혁명가들

핀테크는 전통 금융산업에 혁신을 가져온 주역으로, 기술을 통해 금융 서비스를 디지털화하고 효율성을 높여왔다. 그러나 혁신도 한계가 있다. 핀테크는 기존 금융 시스템의 틀 안에서 작동하며, 여전히 중앙 집중화된 금융 구조에 의존하고 있다. 결국 금융 당국의 그림자 규제에 보폭을 맞춰야 하는 신세다. 이에 반해 디파이(DeFi, Decentralized Finance)는 중앙 집중화를 거부하고, 진정한 탈중앙화 금융 시스템을 구축하려는 혁명적인 움직임을 의미한다. 옳고 그름을 따지기보다 현상을 이해하는 태도가 필요하다. 디지털 자본주의 시대의 새로운 모습이기 때문이다.

디파이는 탈중앙화를 뜻하는 'Decentralized'와 금융을 뜻하는 'Finance'의 합성어로 탈중앙화된 금융 시스템을 뜻한다. 이더리움과 같은 블록체인 기술을 기반으로 한 탈중앙화된 금융 서비스로, 스마트 계약을 통해 중개자 없이 직접 금융 거래를 가능하게 한다. 2017년 이더리움 네트워크에서 최초로 등장한 이후, 디파이는 빠르게 성장하며 다양한 금융 서비스를 제공하는 생태계로 발전했다.

디파이의 핵심은 탈중앙화에 있다. 전통적인 금융 시스템에서 은행이나 금융기관이 중심 역할을 한다면, 디파이는 중개자 없이도 거래가 가능하도록 설계되었다. 개인이 금융자산을 직접 관리하고 거래할 수 있는 자유를 제공하며, 금융 서비스의 접근성과 투명성을 크게 개선한다.

핀테크는 전통 금융 시스템을 디지털화하는 데 중점을 두고 성장했다. 예를 들어 인터넷 전문은행, 디지털 결제 시스템, 모바일 기반의 투자 서비스, 로보 어드바이저 등이 핀테크의 대표 사례다. 핀

| Part 4 | 디지털 자산이 일으킨 금융 혁명

테크는 사용자 경험을 개선하고 금융 서비스의 접근성을 높이는 데 기여했지만, 여전히 중앙기관에 의존하는 구조를 유지한다.

반면, 디파이는 기존 금융 시스템의 틀을 완전히 벗어나고자 한다. 디파이는 스마트 계약과 블록체인을 통해 신뢰와 투명성을 보장하며, 중앙 집중화된 기관의 개입 없이도 금융 거래가 가능하다. 특히 이들은 금융 서비스의 민주화를 촉진하고 기존 금융 시스템에서 소외된 이들에게 새로운 기회를 제공한다. 중앙 집중화된 금융 시스템이 가져오는 불평등과 권력 집중 문제를 해결하고자 하며, 탈중앙화된 금융 시스템을 통해 개인 스스로 자산을 완전히 통제할 수 있는 세상을 꿈꾸고 있다.

대표적인 사례가 바로 탈중앙화 거래소(DEX, Decentralized EXchange)다. DEX는 사실상 은행과 증권사의 역할로 올라선 중앙화 거래소(CEX, Centralized EXchange)와는 반대 개념으로 규제를 받는다. 예컨대 CEX는 거래소가 모든 거래를 중개하고 사용자의 자산을 책임지며 보관한다. 반면 DEX는 스마트 계약을 통해 거래가 자동으로 이루어지며 사용자가 자산을 직접 관리한다. 사용자가 직접 열쇠, 즉 프라이빗 키를 관리하며 자산의 소유권과 통제권을 완전히 유지하는 것이다.

DEX는 보안 측면에서 중앙화된 거래소보다 강력한 보호를 제공하지만, 사용자가 직접 관리해야 한다는 점에서 더 큰 책임이 따른다. 또한 블록체인 네트워크의 처리 속도에 의존하므로, 네트워크 혼잡 시 거래 속도가 느려질 수 있어 상대적으로 불편할 수밖에 없다. 그럼에도 DEX는 일반적으로 신원 확인 절차가 없으며 익명으로 거래가 이루어진다. 개인의 프라이버시를 보호하지만, 규제 회피와 같은 문제로 인해 법적 문제가 발생할 수 있다는 것을 의미한다.

이러한 탈중앙 신념을 공유하는 이들은 금융 규제를 벗어난 형태의 투자 상품을 속속 개발해 운영하고 있다. 예컨대 코인을 기반으로 대출과 예금, 거래, 보험, 자산 관리 등 전통적인 금융 서비스를 스마트 계약을 통해 제공한다. 모두 규제 기관의 인허가를 받아야 하는 일이지만, 이들은 코인을 기반으로 서슴없이 금융상품을 만들어 팔고 있다.

물론 전 세계 사용자에게 금융 서비스의 접근성을 크게 확대한다는 명분이 있다. 대신 은행과 증권사의 형태는 존재하지 않는다. 그리고 법정화폐가 아닌 코인 형태로 거래한다. 자신의 코인을 맡기고 대가로 이자를 받거나, 반대로 대출을 받을 수 있다. 또한 전통 금융 시장에서의 자산운용사와 같은 역할을 해주는 서비스도 존재한다. 투자자를 대신해 특정 DEX 상품에 디지털 자산을 예치해 주기도 하며, 발생한 수익을 가지고 다른 곳에 또 투자를 해주는 일련의 복잡한 과정을 대행해 준다.

DEX에도 기축통화가 있다. 바로 비트코인과 이더리움이다. 대다수의 디파이 운용사는 두 코인을 중심으로 사업을 키우고 있다. 은행의 존재를 강하게 부정한 비트코인 창시자 사토시 나카모토의 철학을 이어가고 있는 셈이다.

하지만 이러한 형태의 코인 금융시장이 앞으로도 존속할 수 있을지 여부는 미지수다. 기존 금융 시스템의 틀을 벗어나 덩치를 키울경우 또다시 테라-루나 사태와 같은 일이 벌어질 가능성이 높다. 부동산 시장의 전세 사기처럼 꼬리에 꼬리를 무는 형태의 레버리지는 기축 자산인 비트코인 급락 시 큰 폭의 투자 손실을 야기한다. 정부가 관여할 수 없는 구조이기에 투자 피해를 막을 방법도 없다.

무엇보다 디파이는 탈중앙화된 네트워크에서 운영되기 때문에 특정 국가나 기관의 규제를 직접적으로 받지 않는다. 이는 디파이 플랫폼을 전 세계적으로 운영될 수 있게 하며, 사용자가 익명으로 참여할 수 있게 한다. 규제의 적용 자체가 쉽지 않다는 이야기다. 미국, 유럽연합, 중국 등 주요 경제권에서는 디파이에 대한 규제 프레임워크를 마련하려는 움직임이 있다. 우리나라에서도 디지털 자산을 기반으로 한 마진거래를 불법화한 상태다. 코인을 기반으로 한 금융상품 취급 역시 아직은 규제가 존재하지 않는 회색지대에 머물러 있다.

금융시장을 관리하려는 국가 단위의 니즈는 더욱 늘어나고 있기에 디파이의 특성상 양측의 갈등은 더욱 고조될 가능성이 높다. 즉 새로운 금융 시도들은 점차 규제를 준수하면서도 사용자의 자율성과 탈중앙화된 특성을 유지할 수 있는 방식을 찾아갈 것으로 보인다. 무엇보다 디파이의 강점, 기술의 효용은 버리고 갈 수 없는 혁신 요소다. 디파이는 투명성과 보안성에서 기존 금융 시스템에 비해 큰 강점을 가지고 있다. 특히 모든 거래는 블록체인에 기록되며 누구나 검증할 수 있다. 이에 따라 거래 내역이 변경될 수 없고 모든 과정이 투명하게 이루어진다. 또한 블록체인 기술은 해킹과 같은 외부 공격에 대한 높은 보안성을 제공한다. 게다가 중개자 없이도 금융 거래를 자동화한다는 측면에서 중앙화된 금융 시스템의 운영 효율을 가져다줄 것이다.

결국 디파이는 단순한 기술적 혁신을 넘어 금융의 패러다임을 변화시키는 근본적인 요소로 자리할 것이다. 지금도 디파이 생태계는 꾸준히 성장하고 있으며, 새로운 서비스와 기능이 지속적으로 개발되고 있다. 디파이가 일시적인 유행이 아니라 금융 혁신의 지속 가능한 방향성을 제시하고 있다는 것을 의미한다. 또한 디파이는 자체적으로 발전하고 확장할 수 있는 능력을 갖추고 있으며, 기존 금융 시스템과의 융합을 통해 더 많은 가능성을 열어가고 있다. 금융 산업이 디파이 기술을 버리고 갈 수 없는 이유이며, 앞으로의 금융 혁신에서 디파이가 중요한 역할을 할 것이라는 증거다.

카카오뱅크, 토스가 걸어온
혁신의 길

우리나라의 금융산업은 오랜 시간 동안 보수적인 규제와 전통적인 금융 당국의 지배 아래 있었다. 이른바 관치금융이라는 멍에를 짊어지고, 전통적인 오프라인 지점 등을 통해 사업을 영위해 왔다. 그러나 2010년대 들어 스마트폰과 인터넷 사용이 폭발적으로 증가하면서 금융 소비자들의 행태도 급격하게 변화하기 시작했다. 고객들은 더 이상 은행 지점을 방문하지 않고도 모바일 기기를 통해 손쉽게 금융 거래를 처리할 수 있게 되었다. 여기에 코로나19 상황을 맞이하며 디지털 전환이 필요했고 기존 금융 서비스에 혁신을 요구하게 되었다. 그리고 이젠 금융 서비스를 콘텐츠처럼 즐기는 새로운 소비자들이 등장했다.

전통 금융기관의 느린 디지털 변환으로 핀테크(금융 기술) 기업들이 빠르게 성장하며 금융시장에 큰 변화를 가져왔다. 핀테크 기업들은 간편한 송금, 모바일 결제, 자산 관리 등의 혁신적인 서비스를 통해 고객들에게 큰 인기를 끌었다. 핀테크의 성공은 전통 은행들에 대한 도전으로 이어지며 금융업계 전반에 걸쳐 디지털 혁신의 필요성을 더욱 부각시켰다.

그간 전통적인 금융기관들은 높은 진입 장벽과 엄격한 규제로 인해 상대적으로 안정적인 시장 지위를 누리고 있었으나, 금융 서비스의 다양성과 혁신을 저해하는 요인이 되었다. 정부는 디지털 수요 문제를 해결하고 금융산업의 경쟁력을 강화하기 위해 새로운 형태의 은행을 허용하기로 했다. 바로 인터넷 전문은행의 등장이다. 대표적인 사례인 카카오뱅크와 토스는 지난 2017년과 2018년에 각각 출범해 디지털 금융의 새 지평을 열며, 기존의 금융 패러다임을 뒤흔드는 혁신적인 길을 걸어왔다. 두 기업은 각기 다른 강점을 바탕으로 금융업의 새로운 표준을 제시하며 고객 중심의 금융 서비스를 구축했다.

인터넷 전문은행은 물리적인 지점을 운영하지 않기 때문에 운영 비용을 크게 절감할 수 있었고, 전통 은행들과 비교해 더 낮은 수수료와 더 높은 이자 혜택을 제공할 수 있는 배경이 되었다. 또한 디지털화된 프로세스는 업무의 자동화를 가능하게 해, 효율성을 높이고 고객 서비스의 속도를 향상시켰다. 무엇보다 이들은 기존의 핀테크와는 다른 테크핀(technology in finance)이란 개념을 자신들의 서비스에 적용했다. 핀테크와 테크핀은 둘 다 금융과 기술의 융합을 의미하지만, 그 출발점과 목표가 다르다. 핀테크는 금융업의 혁신을 목표로 금융 사업자가 기술을 수단으로 활용하는 반면, 테크핀은 기술 기업이 기존의 기술과 고객 기반을 바탕으로 금융 서비스 영역으로 확장하는 것을 의미한다.

유사한 개념으로 볼 수 있지만 테크핀은 기술 기업들이 금융 서비스 영역으로 확장해 들어가는 것을 의미한다. 개별 금융 서비스는 주된 목적이 아니며 기존의 거대한 사용자 기반과 데이터를 활용해 서비스를 확장하는 것이 핵심이다. 특히 테크핀 기업은 기존 사용자를 기반(예: 온라인 쇼핑 고객, 스마트폰 사용자 등)으로 금융 서비스를 확장해 더 넓은 범위의 고객을 타깃으로 한다.

토스가 기존의 금융 앱들과 어떤 차이가 있는지 보면 알 수 있다. 일단 토스는 사용자가 금융 서비스를 이용할 때 여러 개의 앱을 사용할 필요 없이, 하나의 앱 내에서 모든 것을 해결할 수 있도록 설계되었다. 결제뿐 아니라 대출과 보험, 주식 투자 등 다양한 금융 서비스를 통합해 사용자들은 더욱 간편하게 금융 활동을 관리할 수 있다. 하나의 앱에서 다양한 금융 서비스를 제공함으로써 토스는 사용자 데이터를 종합적으로 분석하고, 이를 기반으로 더욱 정교하고 개인화된 금융 해결책을 제공한다. 예컨대 사용자의 자산 상태와 신용 정보를 바탕으로 적합한 대출 상품을 추천하는 등의 다양한 서비스 영역에서 시너지를 창출한다.

카카오뱅크 역시 모바일 환경에 최적화된 혁신적인 금융 서비스를 통해 사용자 경험을 극대화하고, 고객 중심의 다양한 콘텐츠를 제공하고 있다. 카카오뱅크는 토스와 마찬가지로 고객 편의를 최우선으로 고려한 디자인을 채택했다. 또한 사용자가 간단한 본인 인증과 몇 번의 터치만으로 계좌를 개설하고 관리할 수 있게 한다. 기존 은행들은 지점 방문이나 복잡한 서류 제출이 필요한 경우가 많았지만, 카카오뱅크는 모바일로 모든 절차를 간편하게 처리할 수 있다는 강점이 있다.

또한 카카오뱅크는 사용자의 금융 데이터를 기반으로 개인화된 자산 관리 및 분석 도구를 제공한다. 사용자는 자신의 소비 패턴을 분석하고 맞춤형 금융 정보를 받음으로써 더 나은 금융 결정을 내릴 수 있다. 더불어 카카오뱅크는 플랫폼 기술을 활용해 상대적으로 은행 문턱이 높았던 중·저신용 고객들을 위해 새로운 대출 시스템을 만들었다. 자체 기술로 정교한 평가가 어려운 고객들에게 맞춤 대출을 해주는 것이다.

이와 같은 사례는 인터넷 전문은행 외에도 인터넷 기업시장에 연이어 등장하고 있다. 금융을 베이스로 플랫폼 시장의 경쟁력을 키우는 네이버 페이 역시 대표적인 사례다. 예컨대 네이버는 자사의 금융 서비스인 네이버 페이를 통해 네이버 쇼핑과 검색 사업의 경쟁력을 높이고 있다. 네이버는 네이버 페이와 포인트 적립 시스템을 통해 사용자들의 충성도를 강화하고 있다. 사용자가 네이버 페이로 결제할 때마다 포인트를 적립해 주고, 이 포인트를 네이버의 다양한 서비스에서 사용할 수 있도록 해 사용자가 네이버 서비스를 반복적으로 사용하게끔 유도한다.

또한 네이버 쇼핑 입점사, 판매자에게도 기존 은행권의 신용도와 별개로 네이버 쇼핑 내 활동을 기준으로 대출을 내어주기도 한다. 네이버 포털 내 쌓인 비금융 데이터를 활용해 금융 사각지대에 놓인 영세 사업자들에게 대출 기회를 제공하는 것이다. 자연스레 자영업자들의 네이버 충성도는 연일 더해지고 있다. 또한 금융 데이터와 사용자 데이터를 활용한 맞춤형 콘텐츠 제공, 광고 타기팅, 결제와 검색의 통합 경험 제공 등은 네이버가 금융 서비스와 검색 서비스 간의 시너지를 극대화하는 데 중요한 요소로 작용하고 있다.

다양한 테크 기업들의 금융 플랫폼 사업은 금융 서비스의 접근성을 대폭 확대하고, 사용자의 편의성을 극대화하는 데 기여하고 있다. 결국 디지털 경제는 비대면 거래와 서비스가 중심이다. 핀테크와 테크핀 기업들은 비대면 결제와 거래를 지원하는 다양한 기술을 도입해, 물리적인 접촉 없이도 금융 서비스를 안전하고 효율적으로 이용할 수 있는 환경을 조성하고 있다. 특히 코로나19 상황에서 그 중요성이 더욱 부각되었으며, 새로운 소비 패턴을 형성하는 데 중요한 역할을 하고 있다. 앞으로도 핀테크와 테크핀 기업들은 디지털 경제의 핵심 플레이어로서, 데이터 기반의 맞춤형 서비스를 통해 더 많은 혁신 사례를 내놓을 것이다.

금융가
DAU 전쟁

디지털 시대가 도래하면서 전통 금융권 역시 단순한 금융 서비스 제공을 넘어, DAU(Daily Active Users, 일일 활성 사용자) 확보를 위한 치열한 경쟁의 장으로 변모하고 있다. 은행뿐만 아니다. 증권사와 보험사 등 전통적인 금융기관들 모두 디지털 전환을 가속화하며 각자의 모바일 서비스를 강화하고 있다. 이를 통해 더 많은 사용자 데이터를 수집하고 분석하려는 전략이다. 이러한 움직임은 데이터 경제 시대에서의 우위를 점하기 위한 필수적인 경쟁 요소가 되었다.

DAU는 특정 앱이나 서비스를 매일 사용하는 사용자 수를 의미하며, 앱의 인기도와 사용자의 충성도를 가늠하는 중요한 지표다. 금융기관들이 DAU를 늘리려는 이유는 명확하다. 높은 DAU는 곧 높은 사용자 참여도와 브랜드 충성도를 의미하며, 장기적으로 더 많은 수익을 창출할 수 있는 발판이 된다.

이들은 고객의 거래 기록, 소비 패턴, 금융상품 이용 행태 등 다양한 데이터를 수집한다. 데이터는 고객의 신용 평가, 맞춤형 금융상품 제안, 리스크 관리 등 다양한 목적으로 활용한다. 특히 고객 데이터를 기반으로 한 맞춤형 금융 서비스 제공은 고객의 만족도를 높이고, 더 많은 사용자 참여를 유도하는 효과적인 방법이다. 예를 들어 특정 사용자의 소비 패턴을 분석해 최적의 카드 상품을 추천하거나, 금융 투자를 위한 맞춤형 포트폴리오를 제안하는 방식이다.

DAU를 담기 위한 그릇은 모바일 서비스다. 기존의 오프라인 중심의 은행 서비스는 모바일 뱅킹의 부상으로 빠르게 디지털화하고 있다. 은행들은 모바일 앱을 통해 간편 송금, 실시간 계좌 조회, 대출 신청, 투자 서비스 등을 제공하며, 고객들이 일상적으로 은행 앱을 사용할 수 있도록 유도하고 있다. 대표적인 시중 은행 KB국민은행의 경우, 여타의 금융 서비스 앱을 대부분 정리하고 단일 모바일 플랫폼 '리브 모바일'로 통합하고 있다.

신한은행도 마찬가지다. 디지털 플랫폼 'SOL(쏠)'에 주요 금융 서비스를 통합해 은행, 증권, 카드, 보험 등 신한금융그룹의 모든 금융 서비스를 통합 제공하고 있다. 동시에 신한은행은 핀테크 스타트업과의 협력을 강화해 혁신적인 디지털 금융 서비스를 개발하고 있다. 이를 위해 '신한퓨처스랩'을 운영해 유망한 핀테크 기업들과 새로운 금융 기술을 개발하고 신속하게 도입하고 있다.

증권사들 역시 기존의 홈 트레이딩 시스템(HTS)에서 벗어나 모바일 트레이딩 시스템(MTS)을 속속 강화하고 있다. 투자자들의 움직임 하나하나가 모두 데이터인 만큼 DAU를 쌓기 위한 경쟁전이 치열하다. 투자자들이 언제 어디서나 쉽게 주식을 매매할 수 있도록 하고, 더 많은 사용자가 일일 거래를 통해 앱을 자주 사용하게 유도하고 있다. 특히 증권사들은 고객 데이터를 기반으로 실시간으로 맞춤형 투자 정보를 제공하는 서비스를 강화하고 있다. 제공하는 서비스를 통해 고객들이 증권 앱을 더 자주 사용하도록 하고, 고객의 투자 경험을 개선하는 데 중점을 두고 있다. 신한금융투자의 경우, 로보어드바이저 플랫폼인 '신한로보'를 통해 고객들에게 자동화된 자산 관리 서비스를 제공 중이다.

AI도 증권사들이 키우는 핵심 경쟁 요소다. 삼성증권과 키움증권은 저마다 AI와 머신러닝 알고리즘을 활용해 실시간 주가 예측 모델과 투자 분석 도구를 개발했다. 고객들에게 정교한 투자 전략을 제시하고, 실시간으로 변동하는 시장 상황에 빠르게 대응할 수 있도록 지원하기 위해서다.

오프라인-대면 영업 위주로 이어오던 보험사들도 마찬가지다. 보험사들은 고객들이 손쉽게 보험 상품을 조회하고, 청구를 처리할 수 있는 모바일 앱을 잇달아 개발하고 있다. 예를 들어 간편한 보험 가입, 자동 청구 처리, AI 기반 보험 상담 등의 기능을 제공함으로써 고객들이 보험 앱을 자주 사용할 수 있도록 유도하고 있다.

또한 보험사들은 고객의 건강 관리를 돕기 위해 디지털 헬스케어 서비스와 연계된 모바일 서비스를 제공하고 있다. 이러한 서비스는 고객의 건강 상태를 모니터링하고 건강 정보를 제공하며, 건강 목표를 설정하도록 돕는다. 예컨대 교보생명의 앱 '헬스온'은 고객의 건강 상태를 분석해 맞춤형 건강 관리를 제안하고, 걸음 수와 같은 일상적인 건강 데이터를 기반으로 혜택을 제공하고 있다.

은행, 증권사, 보험사 등의 금융기관들은 너나 할 것 없이 각자의 모바일 앱을 통해 사용자 데이터를 최대한 많이 수집하려 하고 있다. 앞서 다뤘던 인터넷 기업, 테크 기업들의 플랫폼 확장에 따른 경계의 의미로도 볼 수 있다. 인터넷 기업들은 이미 보유한 방대한 사용자 데이터와 기술력을 바탕으로 기존 금융시장의 지배력을 위협하고 있기 때문이다.

즉 테크 기업들의 금융시장 진출은 기존의 경쟁 환경을 완전히 변화시켰다. 고객들은 더 이상 전통적인 금융기관에만 의존하지 않고, 기술 기업들이 제공하는 더 편리하고 혁신적인 금융 서비스를 선택하고 있다. 전통 금융기관들이 직면한 현실이다.

전통 금융사와 인터넷 플랫폼 기업 간의 경쟁은 앞으로 더욱 치열해질 것이다. 전통 금융사 또한 사용자 중심의 모바일 앱을 개발하고 고객의 니즈를 반영한 맞춤형 서비스를 제공함으로써, 나름의 경쟁력을 강화하고 있다. 특히 전통 금융사와 인터넷 플랫폼 기업 간의 경쟁은 금융시장의 새로운 장을 열어가고 있다. 두 그룹 모두 고객 경험과 데이터를 중심으로 한 혁신을 추구하고 있으며, 그 결과 금융 서비스의 질은 높아진다. 기업 간의 경쟁은 금융시장을 더욱 투명하고 효율적으로 만드는 데 기여할 것이다.

디지털 시대 신기술이 바꿀
미래에 대비하라

디지털 시대의 자본주의는 과거와는 확연히 다른 양상을 띤다. 코로나19 전후로 가속화된 산업 전 영역의 디지털 혁신은 자본시장 및 기업의 자산 구조에 근본적인 변화를 불러오고 있다. 전통적인 자본 축적 방식이 물리적 자산 중심이었다면, 오늘날은 데이터와 지적 재산이 자본의 핵심 자원으로 자리 잡았다. 더 이상 거대한 땅과 단순노동에 익숙한 인적 자본으로는 산업의 토양을 다질 수 없다.

자본의 디지털화는 단순히 데이터를 보유하는 것을 넘어, 이를 분석하고 활용해 새로운 비즈니스 기회를 창출하는 방향으로 진화하고 있다. AI와 빅데이터 분석 기술의 발달로 최근 기업들의 투자 트렌드는 데이터 기반의 투자 결정이 주를 이룬다. 과거에는 과감한 투자를 통해 물리적 자산을 확보하고 효율성을 증대하는 방식이 자본의 축적 전략이었다면, 이제는 알고리즘을 기반으로 최적화된 결정을 내리는 것이 중요해졌다. 더 이상 요지에 건물과 부동산을 사들이는 것으로는 기업의 자산 증식을 꾀할 수 없다.

또한 블록체인 기술을 통한 자산의 디지털화와 스마트 계약의 도입은 전통적인 금융 거래와 투자의 방식을 재편하며, 글로벌 자본 흐름의 변화까지 이끌고 있다. 미국 대통령이 비트코인을 '전략 자산'이라 부르는 시대가 도래했다.

기업들의 비트코인 매수 행렬도 줄을 잇고 있다. 전기차 시대에 이어 로봇 시대를 준비 중인 미국의 테크 기업 테슬라뿐 아니라, 국내 게임사 넥슨이 비트코인을 통해 새로운 시대를 준비하고 있다. 마이크로소프트는 최근 주주총회에서 비트코인 투자에 대해 안건이 제시되었으며 2024년 12월 10일 투표가 이뤄질 예정이다. 해당 안건을 제안한 미국 국립 공공정책연구소는 "비트코인은 단기적으론 변동성이 큰 자산이지만, 인플레이션과 회사채 수익률에 대한 탁월한 헤지(위험 회피) 수단이 될 수 있다"라며 "기업이 자산의 일부, 심지어 1%라도 비트코인으로 보유하는 것이 주주의 가치를 보호하는 길"이라며 기업들의 비트코인 매수를 추천한 상태다.

디지털 혁신은 노동의 의미와 형태에도 혁신적인 변화를 불러왔다. 특히 AI와 로봇 자동화 기술의 발전은 노동의 영역에서 인간의 역할을 크게 변화시켰다. 기존의 반복적이고 정형화된 업무는 AI와 로봇으로 대체되었고 지능형 자동화는 더 이상 단순한 노동의 대체가 아니라, 사람의 창의성과 문제 해결 능력을 강화하는 보조 수단으로 자리매김했다.

AI 기반 분석 시스템은 기존 인력을 대체할 만큼 빠르고 정확하게 방대한 데이터를 처리하며, 예측 능력까지 더해 기업 운영에 필수 요소가 되고 있다. 이러한 기술 발전은 긍정적인 변화를 불러오지만, 동시에 노동의 의미와 범위를 변화시킨다. 과거에는 사람이 전담하던 업무가 점차 기술로 대체되고 있으며, 노동력이 투입될 필요가 없는 새로운 형태의 비즈니스 모델들이 등장했다.

이러한 변화 속에서 중요한 키워드는 업무의 재조정이다. 많은 전문가는 노동이 단순히 생산성과 효율성의 관점에서만 평가되지 않고, 협력과 창의성이 중시되는 새로운 노동 패러다임으로 나아갈 거라 전망한다.

디지털 시대의 노동 변화를 반영해 재택근무와 원격 협업이 점차 보편화되고 있다. 일터에 묶이지 않는 자유로운 근무 환경이 가능한 것은 디지털 도구와 플랫폼의 발전 덕분이다. 이러한 변화는 노동자에게 더욱 큰 자율성과 유연성을 제공하는 동시에, 직무 수행의 효율성을 극대화할 기회를 열어줄 것이다.

디지털 시대는 우리가 물리적 공간을 인식하고 활용하는 방식에도 혁신을 가져오고 있다. VR, AR, 메타버스 등이 발달하면서, 물리적 공간의 제약을 넘어서 가상공간에서 다양한 상호작용과 경험이 가능해졌다. 이에 따라 공간에 대한 개념이 근본적으로 재정의되고 있다.

예를 들어 전통적으로 기업은 사무 공간을 필수적으로 유지해야 했으나, 디지털 도구와 가상 회의 플랫폼 덕분에 물리적 공간의 필요성이 감소했다. 많은 기업이 업무 공간을 재정비하고 업무의 성격에 따라 물리적 공간과 가상공간을 융합한 하이브리드 업무 모델을 채택하고 있다. 이러한 공간의 변화는 업무 효율성을 높이는 동시에 비용을 절감하는 효과를 가져온다.

또한 가상공간의 발전은 교육, 엔터테인먼트, 쇼핑 등 다양한 영역에 적용되어 일상의 공간 활용 방식을 변화시키고 있다. 예를 들어 가상 박물관과 갤러리를 통해 어디서든 문화 콘텐츠를 즐길 수 있게 되었고, 가상 쇼핑 플랫폼에서는 물리적 상점에 방문하지 않아도 상품을 경험할 수 있는 환경이 조성되었다.

더 나아가 디지털 시대의 자본, 노동, 공간은 각각 독립적인 요소가 아니라 상호작용을 하며 혁신을 이끄는 융합적 개념으로 변화하고 있다. 예를 들어 가상공간을 기반으로 한 원격 근무의 증가는 노동의 디지털화를 가속하는 한편 물리적 공간의 활용 방식을 변화시키고, 자본의 투자 방향을 새롭게 설정하는 요인이 된다.

이러한 변화 속에서 새로운 기술에 대한 지속적인 투자와 혁신은 기업의 성공을 좌우하는 필수 조건이다. AI와 블록체인 등 신기술에 대한 투자와 함께 디지털 인프라 구축에 대한 자본 투자는 각 산업에서 경쟁력을 유지하고 성장할 수 있는 기반이 되었다.

디지털 혁신이 불러온 변화는 기업과 노동자, 사회 전반에 걸쳐 미래의 가능성을 열어주는 동시에 위험성과 도전을 함께 안겨준다. 국내에서 잇따르고 있는 대기업의 구조조정은 결국 디지털 기술이 인류의 일자리를 직접적으로 빼앗는 대표적 사례다. AI와 자동화 기술의 도입이 가속하면서 중간층의 관리직과 단순 반복 업무를 수행하는 직군에서 일자리 축소가 심화할 것이다. 효율화의 뒤에 숨어 있는 노동의 소외에 많은 사람이 고통받게 되는 것이다.

일자리를 잃은 노동자들이 새로운 기술과 지식을 습득할 수 있도록 직업 재교육과 업무 재배치 프로그램이 필요하며, 정부와 기업 차원의 적극적인 지원이 요구된다. 또한 사회가 디지털 기술 발전에 적응하는 과정에서 노동의 패러다임 변화가 필요하다. 기술 혁신에 따라 일자리가 축소되더라도 새로운 유형의 일자리가 창출될 수 있도록 다양한 교육과 훈련 기회를 제공하고, 혁신적 사업을 촉진하는 환경을 조성할 필요가 있다. 기업들은 디지털 전환을 추진하는 과정에서 책임 있는 경영과 윤리적 선택을 통해 단기적 비용 절감만이 아닌 장기적 성장과 사회적 가치를 고려한 방향으로 나아가야 한다.

디지털 기술의 발전은 불가피하다. 그로 인한 일자리 변화 역시 거스를 수 없는 흐름이다. 하지만 디지털 전환 과정에서 노동시장의 불안정성이 높아질수록 사회는 적절한 대응책을 강구해야 한다. 특히 국내 대기업들이 지속적으로 구조조정을 통해 경쟁력을 유지하는 현실 속에서, 기술 발전의 혜택이 특정 소수에게만 집중되지 않도록 노동자 보호와 사회적 안전망 강화에 힘써야 할 것이다. 디지털 기술이 인류의 일자리를 위협하는 현실 속에서도 그 속에 담긴 가능성을 발견하고 사회 전체가 상생할 수 있는 방향을 모색하는 것이 중요하다.

　신기술이 가져올 미래는 기존의 한계를 뛰어넘고 전 세계를 더욱 빠르고 효율적으로 연결하며 새로운 경제적, 사회적 가치를 창출할 것이다. 앞으로도 디지털 시대는 새로운 기술이 기존의 자본, 노동, 공간 개념을 계속해서 혁신하며, 우리가 꿈꾸는 미래 사회의 가능성을 넓혀갈 것이다. 그 과정에서 살아남으려면 변화의 흐름을 놓치지 않고 시류에 알맞은 각자의 대비책을 세워야 한다.

테크노베이션

초판 1쇄 발행 2024년 12월 11일

지은이 이수호
브랜드 경이로움
출판 총괄 안대현
책임편집 김효주
편집 심보경, 정은솔, 이제호
마케팅 김윤성
표지디자인 Atto
본문디자인 강수진

발행인 김의현
발행처 (주)사이다경제
출판등록 제2021-000224호(2021년 7월 8일)
주소 서울특별시 강남구 테헤란로33길 13-3, 7층(역삼동)
홈페이지 cidermics.com
이메일 gyeongiloumbooks@gmail.com(출간 문의)
전화 02-2088-1804 **팩스** 02-2088-5813
종이 다올페이퍼 **인쇄** 재영피앤비

ISBN 979-11-92445-94-6 (03320)